economics | 经济读物

读懂新常态②

大变局与新动力

吴敬琏 厉以宁 林毅夫 等◎著
朱克力 ◎主编

中信出版集团 · CHINACITICPRESS · 北京

图书在版编目（CIP）数据

读懂新常态.2 / 吴敬琏 等著；朱克力 主编. 一北京：中信出版社，2016.2 （2016.3重印）
ISBN 978-7-5086-5813-1

I. ①读… II. ①吴… ②朱… III. ①中国经济–研究 IV. ①F12

中国版本图书馆CIP数据核字（2016）第006383号

读懂新常态.2

作　　者：吴敬琏　厉以宁　林毅夫 等
主　　编：朱克力
策划推广：中信出版社（China CITIC Press）
出版发行：中信出版集团股份有限公司
（北京市朝阳区惠新东街甲4号富盛大厦2座　邮编　100029）
（CITIC Publishing Group）
承 印 者：北京楠萍印刷有限公司

开　　本：787mm×1092mm　1/16　　印　　张：17.75　　字　　数：223千字
版　　次：2016年2月第1版　　印　　次：2016年3月第2次印刷
广告经营许可证：京朝工商广字第8087号
书　　号：ISBN 978-7-5086-5813-1 / F · 3574
定　　价：58.00元

目　录

第三章 换挡期的新动能

第四章 变局与前景

在世界变局中把握中国经济新常态

*

国务院发展研究中心主任、研究员
李伟

世界经济格局深刻调整和我国经济发展进入新常态，标志着我国经济社会发展的内外环境发生了重大阶段性变化。准确把握世界经济格局的新特点、新趋势，抓住新一轮全球经济调整中的新机遇，逐步确立新优势；认识、适应、引领新常态，在发展方式转变、经济结构优化中实现新旧增长动力的平稳转换，是我们保持中高速增长和迈向中高端水平的关键所在。

在世界格局调整中确立新优势

过去 30 多年，全球经济领域发生了一系列重大变化，深刻地改变了世界经济格局。其中最显著的特征是，发展中国家和发达经济体的经济增长表现出明显差异，发展中国家以两倍于发达经济体的速度增长，其经济总量占全球份额由 1980 年的 25% 上升到 2014 年的 39%。在此过程中，我国发挥了核心作用，在发展中国家份额提高的 14 个百分点中，我国贡献了约 11 个百分点。

2008 年国际金融危机发生后，虽然大趋势没有发生根本改变，但却呈现出一些新的特点。全球经济增速普遍降低的同时，在发达经济体和发展中国家内部出现了增速分化。发达经济体中，美国经济率先复苏，表现出较强的稳定性，欧盟和日本内部经济结构的根本性矛盾尚未消除，仍未完全摆脱危机阴影；发展中国家中，印度和中国经济增长状况要好于俄罗斯、巴西、南非等国。基于不同经济状况出台的差异性政策加剧了全球经济的波动，各国面临的国际环境更加复杂。

过去我国依托劳动力、土地等低成本要素优势，通过扩大开放，积极融入全球经济，抓住了全球产业转移带来的重大机遇，实现了与发达国家的资金、技术、管理等优势相结合，创造了快速增长奇迹。当前，我国发展所依赖的内外部条件发生了深刻变化，其中以下三个方面尤其需要重视。

外部需求萎靡不振。国际金融危机爆发后，全球经济增速放缓，国际竞争加剧，贸易保护主义抬头，贸易增速大幅下降。2012—2014 年，全球贸易增速连续 3 年低于 3%，年均增速仅为 2.4%，远低于危机前 7% 左右的平均水平。危机前 5 年，贸易量增速约为 GDP（国内生产总值）增速的 2 倍，但目前已降为 1 ∶ 1 左右。贸易自由化安排也多表现为互惠性质，即排他性的区域贸易机制安排增多。

传统比较优势正在加速弱化。原来我国最大的比较优势是劳动力优势，随着人口结构的变化，我国人口数量红利逐步消失，劳动力成本不断上涨，与周边一些国家相比，已不具优势。比如，印度、印尼劳动力成本约为我国的 1/2，越南劳动力成本约为我国的 1/3，柬埔寨劳动力成本约为我国的 1/4。

新技术革命深刻影响分工格局。智能制造、新型材料、3D打印、云计算等新技术正在改变“发达国家技术+发展中国家劳动力+高收入国家市场”这一传统分工格局，价值链的一体化、生产的分散化、营销的全球化成为新的趋势，处于制造业高端的美、日、德、英、法等国的竞争力明显增强。

尽管面临诸多挑战，但并没有改变我国仍处于可以大有作为的重要战略机遇期的判断，我们有条件、有能力抓住新的机遇，逐步确立新优势。

我国市场规模巨大，对合作伙伴有较强的吸引力。尽管我国经济增速放缓，但 2014 年经济增量达到 8 000 多亿美元，根据世界银行数据，这一增量超过中等发达水平的土耳其等国 2014 年全年GDP总量；我国每年货物进口额为 2 万亿美元左右，约相当于世界第十大经济体的经济总量；我国已成为世界第二大旅游输出国，2014 年出境游超过 1 亿人次，海外消费额达 1 648 亿美元。这些数据表明，我国仍然拥有极具开发潜力的市场，成为吸引合作伙伴的一个重要因素。

我国劳动力素质不断提高，人力资源丰富。我国每年的大学以上学历毕业生超过 700 万，另有 200 多万人在电大和成人高校接受继续教育。有相当一部分人能够满足跨国公司用人标准，这也是越来越多的跨国公司选择在我国建立研发总部的一个重要原因。高素质人才队伍业已成为我国参与国际竞争的新优势。

我国在拓展新兴市场方面具有较强的优势。许多新兴经济体正加快推进工业化、信息化和城市化，基础设施建设和产业园区发展是重点。我国在这些方面积累了丰富的经验，已经形成了完备的工业体系和较强的产业配套能力。由于处于同一发展阶段，消费和技术偏好相似，我国在拓展新兴市场方面具备更强的竞争力，这一优势有利于我国在产业结构调整和转型升级过程中保持平稳发展。

危机对实体经济的冲击为我国带来低成本海外并购机遇。国际金融危机对实体经济的冲击尤为突出，导致大批拥有先进技术和国际品牌的外国企业资金链断裂、经营困难，它们迫切需要有实力的合作者，这就为我国企业更好实现大规模“走出去”提供了机遇。例如，吉利收购沃尔沃、三一重工收购普茨迈斯特、联想收购摩托罗拉移动等，都是抢抓机遇的成功案例。

在新常态下积极培育新动力

有关研究表明，经济高速增长无法永久维持，几乎所有追赶型经济体在经历一段时期的高速增长之后，经济增速都出现了明显回落。比如，追赶历程和产业演进路径与我国相似的日韩等东亚经济体，也经历过这样一个过程，经济增速平均降幅在 30% 左右。目前我国人均 GDP（按购买力平价测算）与 20 世纪 70 年代初的日本、90 年代初的韩国发展水平相当，正处于类似当年日韩等典型后发工业化经济体由高速增长向中高速甚至中速增长回落的时间窗口。在后发经济体发展规律主导下，我国经济增长换挡减速特征十分明显，与以工业化追赶为特征的高增长期不同，当前我国经济运行逐步呈现出新的特点和规律。

需求结构和动力不同以往。一是出口拉动作用减弱。受国际金融危机的冲击，世界经济增长进入低迷期，外部需求空间相对收缩。同时，由于要素条件发生变化，我国传统低成本优势削弱，出口两位数增长已成为历史，进入个位数增长时期，出口对我国经济的拉动作用明显减弱。二是高投资难以为继。经过 30 多年快速发展，我国很多传统工业领域已经相对饱和，不少代表性工业产品产值到达或临近峰值，产能过剩问题突出，投资效率持续走低。城镇户均住房超过一套，房地产市场出现趋势性调整，新开工投资峰值已过。基础设施主要架构和干线建设基本完成，投资虽然尚有空间但拉动力已然下降。三是消费结构升级加快，集中爆发力减弱。过去以住宅、家电、汽车为主要拉动力的模仿型排浪式消费阶段基本结束，追求个性、高品质、安全、健康的新消费需求开始出现。

供给条件发生深刻变化。一是劳动力供给格局变化。从 2012 年开始，我国劳动年龄人口开始减少，预计整个“十三五”期间将呈现年均减少 200 万人的态势。刘易斯拐点已经出现，农村剩余劳动力转移潜力大幅下降。二是投资率降低。2015 年上半年，全国规模以上工业企业实现利润同比下降 0.7%，企业利润水平下降对投资产生了直接影响，投资率逐渐下降。三是土地资源约束日趋增强。我国国土辽阔，但可开发利用的土地资源有限，近几年来，工业化、城镇化、基础设施建设快速推进与保护耕地之间的矛盾日益突出，土地价格上涨，导致一些地区房价、租金高企，对居民生活和企业生产经营产生了比较明显的影响；还有一些区域，空气、水、土壤等污染问题严重，环境承载力接近甚至达到极限。四是全要素生产率增速下降。1978—2008 年，我国全要素生产率年均增长达到 3.7%，但 2009 年以后增速明显回落，2009—2014 年平均增长率仅为 1.5%。目前，直接从国外引进技术的空间明显收窄，要素从农业部门向非农部门转移对效率提升的作用也在减弱。这一方面受制于技术追赶的特定规律，另一方面也反映了我国原有的生产率提升路径难以为继。供给条件的深刻变化，要求我们必须回应人民对良好安全环境的期待，满足绿色、低碳、循环发展的新要求。

资源配置方式亟须深入调整。由于先行国家有成熟的经验、技术和产业发展路径可供直接学习借鉴，作为后发国家，通过努力与政府资源配置力相结合，就能够在追赶道路上释放出巨大能量。但随着我国不少领域逐渐接近世界前沿，现成的技术和经验会越来越少，就需要更好发挥千千万万市场主体的能动性和试错能力。同时，宏观调控中总需求管理的作用也会相对减弱，而更多发挥供给政策的作用，努力创造良好的环境和制度条件，真正使市场在资源配置中起决定性作用和更好发挥政府作用，以充分激发市场的活力、潜力和创新能力。

适应新常态需要新思路和新方式，需要激活经济中的巨大潜力，积极培育发展新动力。一是我国工业化、城镇化进程尚未结束，地区发展差距大，发展空间广阔。2014 年我国城镇人口所占比重为 54.8%，远低于发达国家的平均水平，还有大约 2.6 亿农民工需要转变为市民，2 亿贫困人口（按世行标准）需要脱贫，1 亿城市棚户区住户需要新的家园，这些都蕴含着巨大的需求空间。二是我国市场经济体制改革的潜力巨大，不少领域仍存在开放不足、准入不公平的问题，市场配置资源的效用尚未得到充分发挥。三是我国拥有全球最为完备的工业体系和产业配套能力。据相关统计，我国是世界上唯一一个拥有联合国工业大类目录中所有工业门类的国家，而且不少类别的规模达到全球领先。四是我国已经成为世界上最大的互联网和移动互联网经济体，在新一轮信息技术带动、改造传统产业的进程中，我国经济将具备不可比拟的优势。五是我国具有全球最大、成长最快、潜力巨大的国内市场，这将为产业发展和创新提供最好的空间。六是随着国家实力增强，我国将积极参与新一轮全球分工，主动倡议、参与和推动新一轮国际经济秩序的调整、改善，在更高水平、更高层次开放中获取新的机遇，为我国经济发展争取更为广阔的空间和更为有利的外部环境。只要我们加快体制机制改革，不断扩大对外开放，这些潜力必将变为现实，释放出前所未有的巨大发展力量。

在新的开放条件下适应和引领新常态

当今世界是一个变革的世界，国际体系、国际秩序、国际力量对比发生深度调整，中国与世界的关系也在深刻变化，同国际社会的互联互动也变得空前紧密。综合判断，我国发展仍处于可以大有作为的重要战略机遇期，其中最大的机遇就是自身不断发展壮大。新的历史条件下，我们必须统筹考虑和综合运用国际国内两个市场、国际国内两种资源、国际国内两类规则，积极构建开放型经济新体制，努力适应和引领经济发展新常态。

积极推进经济迈入更高阶段。实践证明，追赶型后发国家在经历高增长后，经济增速回落往往有两种不同的结局：一种是在跨过高收入门槛，经济转入成熟阶段后的回落，如德国；另一种则是经济体在经历快速增长后，因为没有进行有效的战略调整，以适应变化了的新条件和新情况，导致经济增长戛然而止甚至倒退，并引发社会冲突，长期陷入“中等收入陷阱”，如部分拉美国家和前苏联、东欧国家。我们现在所处的新常态是我国经济向形态更高级、分工更复杂、结构更合理的阶段演化的必经阶段。要清醒认识到，经济高速增长阶段的结束，并不意味着中高速增长会自然到来，结构优化升级会自动实现，经济风险会自行消化，经济发展会自动迈向更高阶段、更高水平。也就是说，新常态阶段的调整变化并非指向唯一结果，经济成功迈向更高更成熟的阶段，是积极争取、努力作为的结果。

着力提高经济发展的质量和效益。进入新常态，增长速度虽然下来了，但质量效益提升的空间巨大，要坚持把发展作为第一要务，努力实现质量效益更高、更有利于生产率提升、更有利于发展成果公平公正共享的发展。我们原有的发展模式存在明显的“速度效益型”特点，即企业盈利状况对高速度比较依赖，速度一旦降下来就会有大面积的企业亏损。而国际经验显示，增长速度降低并不意味着企业就不能盈利。从我国全要素生产率的来源结构看，制造业高于农业和服务业，投资品制造业高于其他制造业，生产性服务业高于其他服务业，可贸易部门高于不可贸易部门。由于部门间的效率差距大于发达国家的平均水平，因而我国具有相对更大的产业升级和生产率提升空间。经济发展进入新常态，我们要坚持以提高经济发展质量和效益为中心，坚决摒弃规模速度型粗放增长，增强加快转变经济发展方式的自觉性和主动性，抓好经济结构调整，加快推进改革开放。

利用好自贸试验区这一开放平台。不断优化经济结构仍是我们新时期的重要任务。目前我国服务业占GDP比重还不高，国际竞争力还比较弱，应努力为服务业发展创造宽松环境，加快提升我国服务业的国际竞争力。对内要积极深化改革，为服务业松绑，对外要扩大开放，利用外部资源形成倒逼机制，促进国内改革。当前我们对服务业领域先进的开放管理模式还不够了解和熟悉，自贸试验区就为学习借鉴国外服务业发展经验提供了很好的平台，允许我们在试验区内先行先试，再逐步向全国推广。自贸试验区的建设要注重发挥两方面的作用：一是试验示范作用，探索“准入前国民待遇+负面清单”管理模式，为全国改革开放探路；二是引领带动作用，要结合地方特色，打造开放高地，发挥地区增长极作用。

积极务实推进“一带一路”建设。“一带一路”是习近平总书记2013年提出的重大国际合作倡议，这项倡议很好地契合了沿线国家的发展需要，得到了相关国家的积极响应。“一带一路”覆盖面广，合作内容丰富，合作方式和路径多元，互利共赢、开放包容的理念极具亲和力，已成为我国新时期扩大对外开放、开展国际合作的大平台。我们要利用好这个平台，做好顶层设计，完善相关机制，加快自由贸易区谈判磋商，积极推进与沿线国家基础设施互联互通和经贸合作，开拓新兴市场，优化产业布局，提高我国统筹运用国际国内两个市场、两种资源、两类规则的能力。

第一章

看清中国经济

确立新常态的核心是提高增长质量

*

国务院发展研究中心研究员
吴敬琏

当前正在进行的全面深化改革，正是对30多年中国经济改革中形成的经济体制和发展模式的进一步改革。作为当前改革对象的原有经济体制和发展模式，和日本战后建立的经济体制和发展模式有许多相似之处。因此，两国的改革在一些方面可以相互借鉴。

中国早期对改革目标模式的探索

在改革开放初期，为了扭转文化大革命十年动乱造成的体制危机和经济衰败，中国制定了对应的救亡图存办法。开始时并没有明确的目标，采取的办法是陈云提出的“摸着石头过河”，即走一步看一步，试验成功后再加以推广。但与此同时，有人在思考，除了进行一些变通性的政策调整之外，在经济体制和发展方式上都要选定自己的目标模式。

因此，从 20 世纪 70 年代末期开始到 80 年代上半期，在中国展开了讨论。对于改革目标模式选择，存在三种模式：第一种是苏联、东欧社会主义国家的改革模式，本质上也就是所谓“市场社会主义”模式，其特点是在保持国有制的统治地位和计划经济基本特征的前提下，加大市场对企业的引导和激励，来提高企业的积极性。第二种是东亚模式，基本特征是政府主导的市场经济。第三种模式是受过西方经济学教育的学者主张的欧美自由市场经济模式。

从 20 世纪 70 年代末到 80 年代初，比较时兴的是“苏东模式”，许多官员和经济学家都特别热衷于介绍苏联、匈牙利和南斯拉夫的改革。但这种模式很快就失去了吸引力，一方面是改革没有取得成功。另一方面在理论上提倡市场社会主义模式的学者也纷纷否定了自己的看法。所以，中国只在 20 世纪 70 年代末进行了一段试验，即国有企业扩大企业自主权的改革。但这个改革也没有取得成功，相反引起了财政和通货膨胀问题，到 1981 年后就被多数人否定了。

“东亚模式”在 20 世纪 80 年代的目标模式选择中胜出，为多数人所接受，经济发展也沿着“威权发展主义”的路径进行。

至于第三种模式，把自由市场经济看作改革最终目标的学者也承认，在市场体系还没有建立起来的情况下，用市场来配置资源和进行激励是不可能的。所以，人们达成共识，至少在改革初期要采用政府主导的市场经济模式。

在 1978 年党的十一届三中全会前，中国派出了许多考察团到各国去“取经”，影响最大的一个是邓小平 1978 年对新加坡、马来西亚和泰国的考察。在这三个国家中，他最欣赏的是新加坡在强有力的政府管制下的严整社会秩序。在干部和群众中具有更广影响的是以邓力群、马洪等为首的国家经委代表团于同年11月对日本的访问和考察，考察报告《访日归来的思索》对日本的经济社会体制赞誉有加，在领导干部和国有企业的管理人员中产生了巨大影响。邓力群在书中得出结论，要学习日本在政府的管控之下发展商品经济。因而，商品经济的想法最早是由邓力群的日本考察在中国的中上层干部里普及开来的。

“半市场、半统制”的经济体制

这里需要注意的是，中国和日本的经济发展模式建立的历史背景存在重大区别。日本的战后体制，是在明治维新“脱亚入欧”和战后民主改革的基础上演变而来的，而中国的经济体制则是从前苏联式的集中计划经济体制演变而来。因此，在中国的“政府主导的市场经济”和“威权发展主义模式”中，政府的主导作用更加无所不包和强劲有力。总体来说，日本是以私有经济为主体，而中国始终是以国有经济为主要经济成分。

1984年和1987年的体制设计虽然提出要发展商品经济，但同时又强调政府的计划控制。到现在，很多人还认为党的十三大报告中提到的“国家调节市场，市场引导企业”是对市场经济很好的描绘，我认为，这个提法存在很大缺陷：虽然企业由市场引导，但是市场是由国家和政府调节的，这就埋下了伏笔。到了后来，甚至许多文件里出现了“党和政府要提高驾驭市场的能力”的提法。这表明，虽然1992年已经确定了社会主义市场经济的改革目标，但在一些人的心目中，社会主义市场经济里的市场，只是国家所驾驭的工具。

1992年党的十四大确立了社会主义市场经济体制的目标，1993年党的十四届三中全会根据党的十四大的决定制定了建设社会主义市场经济的行动纲领，即有名的《关于建立社会主义市场经济若干问题的决定》。这是一个全面改革的纲领，要求在20世纪末形成“统一、开放、竞争、有序的大市场”。这一决定与现代经济学对市场经济的理解非常接近，也可能反映了经济学家对文件起草的影响。不过，在实际生活中，强调政府主导作用的思想仍然有不可忽视的作用。

由于这种影响的存在，在20世纪末形成“统一、开放、竞争、有序的大市场”的要求实际上并没有实现。中国在20世纪末建立起来的体制是一种“半市场、半统制”的经济体制，“半统制”性质主要表现为国家部门，包括各级党政机关和国有企业仍在资源配置中起决定性作用。

21世纪初期“中国向何处去”的大辩论

旧体制因素的强化造成了一系列社会矛盾的激化，其中最为突出的两个问题，一个是腐败活动日益猖獗，直至侵入党政军组织的机体，一个是粗放式的发展导致社会经济问题愈演愈烈。苏联在20世纪60年代后期提出增长方式要从粗放增长方式（即靠投资驱动的增长）向集约增长方式（即以效率提高为动力的增长）转型，提高全要素生产率（TFP）对增长的贡献。

中国在1995年制定第九个五年计划时提出要实现增长方式的转变，但是到了“十五”期间（2001—2005），情况发生了逆转，中国城市化加速，政府手里掌握了大量土地资源，政府对经济发展的主导作用越来越强，经济发展方式也变得越来越粗放。因此，政府在制定第十一个五年规划时，重新提出要把转变经济增长方式作为“十一五”规划主线，但是没有能实现。到“十一五”规划最后一年中央提出，“加快经济增长方式转变刻不容缓。”不过，“十二五”规划期间，经济转变仍然不是很明显。资源短缺、环境破坏，宏观经济上的货币超发、债务积累、杠杆率升高以及社会矛盾都日趋严重。

于是，再次爆发了“中国向何处去”的大争论：是依靠重启市场化的经济改革和法治化、民主化的政治改革，来从根本上解决我们所面临的问题，还是强化政府作用，推行以强势政府为主要特征的所谓“中国模式”。

在相当长一段时间里，后一种意见占据了优势，到党的十八大前夕达到最高峰。但是，强化政府的管控和国有经济的主导地位不仅没有解决上述提到的问题，反而使得问题越来越严重，矛盾越来越尖锐。

在这种情况之下，党的十八大和十八届三中全会对问题作出了正确的回答。十八大提出“必须以更大的政治勇气和智慧，不失时机地深化重要领域的改革”，在政治改革方面“要加快推进社会主义民主政治的制度化”，“实现国家各项工作的法治化”。[①]党的十八届三中全会提出，经济体制改革的“核心问题是处理好政府和市场的关系，使市场在资源配置中起决定性作用和更好地发挥政府的作用”。为了达到这个目的，就必须“大幅度减少政府对资源的直接配置，推动资源配置依据市场规则、市场价格、市场竞争，实现效益最大化和效率最优化”。“建设统一开放、竞争有序的市场体系，是使市场在资源配置中起决定性作用的基础”，必须按照上述要求加快形成“企业自主经营、公平竞争，消费者自由选择、自主消费，商品要素自由流动、平等交换的现代市场体系”。[②]十八届三中全会通过的《中共中央关于全面深化改革若干重大问题的决定》部署的335项改革，就是围绕这些要求提出的。

① 胡锦涛，《坚定不移沿着中国特色社会主义道路前进　为全面建成小康社会而奋斗——在中国共产党第十八次全国代表大会上的报告》，人民出版社2012年版。

② 《中共中央关于全面深化改革若干重大问题的决定》，人民出版社2013年版。

确立“新常态”的核心问题是提高增长质量

现在面临的问题则是，在确立“新常态”的过程中如何贯彻党的十八大决定。中国所谓的“新常态”并不是太平洋基金管理公司（PIMCO）的总裁M.埃里安所说的长期萧条的“新常态”。按照中国领导人历次讲话，“新常态”有两个特征：一是“由高速增长转向中高速甚至是中速增长”；二是“由粗放发展方式转向质量效益型的集约发展方式”。这两个基本特征都用了“转向”的说法，但是“转”的进度有明显的差别：其中前一个GDP增速下降已经是既成事实，而后一个发展模式转变，或结构改善、效益提高，还需要经过艰苦努力才能实现。尤其需要注意的是，转变经济发展方式由粗放发展到集约发展的转变是制定“九五”（1996—2000）计划时提出来的，到2015年已经整整20年，还没有实现。可见这不是一件轻而易举的事情。在总结“十五”计划时，我们曾经进行了一场大讨论，所有原因归结起来就是体制性障碍，最大的体制性障碍则是政府的主导地位，政府在资源配置中起决定性作用有很多具体表现。

我对媒体把“稳增长”放在经济工作的首位有些怀疑，我认为应该把依靠改革提高经济增长质量放在首位。当然也要做到保底线，所谓的保底线是指，保持一定质量的增长速度。但是保底线不是靠刺激政策能解决的，现在有一个对业界和学界都很有影响的看法是，保增长底线还是要靠扩张性货币政策或增加投资来解决，我认为这个办法不可行。

我们当前面临的问题是趋势性，而不是周期性的。野村证券辜朝明先生曾经指出，近年来各国发生的金融危机实质上是资产负债表衰退。我们的资产负债表存在重大缺陷，杠杆率太高。当泡沫不能支撑而破灭之际，就会出现流动性陷阱，于是货币流通速度大大降低。即使要用扩张性货币政策来刺激，也很难收到提振经济的效果，我觉得他的说法有一定道理。其实最近一年来，流动性是相当宽松的，当人们没有投资意愿，发行再多的货币都是往股市去，而没有投资于实体经济。

2015 年中央经济工作会议提出，要加强财政政策的力度，我赞同这个意见。但是，加强财政政策的力度要落脚到强化信心和提高投资积极性上，而不是单纯增加财政支出，用扩大需求去拉动经济增长。

国有企业改革势在必行

1997 年召开的党的十五大以及 1999 年召开的十五届四中全会，都对国有经济改革提出了要求，强调要对国有经济进行布局调整。有关国企改革的决定在文字上保持了“以国有为主导”的提法，但对原来的提法作了新的解释，说明“主导”并不是处处都要控制。十五大的说法是，“对关系国民经济命脉的重要行业和关键领域，国有经济必须占支配地位。在其他领域，可以通过资产重组和结构调整，以加强重点，提高国有资产的整体质量。”[①] 1999 年的十五届四中全会通过了关于国企改革的决定，把“关系国民经济命脉的重要行业和关键领域”进一步明确为三个行业一个领域，有关决定要求按照上述原则对国有经济进行有进有退的布局调整。但是，2006 年国资委发布了一个据说是国务院批准的文件，要求加强国有企业的控制，在 7 个行业进行绝对控制，在 9 个行业保持较强的控制。这实际上是加强了国有经济，虽然国有企业已经上市，但还是按照国资监管条例执行——人、事和资产都

① 江泽民，《高举邓小平理论伟大旗帜　把建设有中国特色社会主义事业全面推向二十一世纪——在中国共产党第十五次全国代表大会上的报告》，人民出版社 1997 年版。

是国资委来管理，高管也是国资委或中央组织部任命。

最近拉迪教授（N.Lardy）在新著里说，中国的私营企业已经占据主导地位，今后这种主导地位还会不断增强。我觉得他可能过分注重了私营企业在中国经济中的数量比重，忽略了以下两种情况：一是国有企业在数量上虽然比不上民营企业，但在重要部门占有绝对优势；二是大型私营企业也与政府有着千丝万缕的联系，有些甚至受到政府官员的控制。总之，国有企业如何改革，与中国经济发展和解决根本性问题息息相关。

当然其他改革也很重要，比如法治。我认为不要把法治（Rule of Law）变成法制（Rule by Law），不过真正做到这点很不容易，牵涉很多问题。

中国经济的下一程

*

北京大学光华管理学院名誉院长
厉以宁

实现中高速增长的两个重要条件

关于中国经济的下一程，第一个问题要从“新常态”谈起。我们对新常态应该有一个正确的认识，“新常态”就是按经济规律办事，不按照经济规律办事就违背了市场。比如前几年中国经济一直高速增长，持续的高速增长不符合经济发展规律，也不能够持久。正因如此，我们转入了中高速增长，这符合当前的中国实际情况。

高速增长带来五方面的不利影响：一是资源过度消耗；二是生态恶化；三是部分产业产能过剩；四是经济效益普遍低效；五是为了促进高速增长我们错过了技术创新和结构调整的最佳时机。2008 年国际金融危机爆发后，包括美国、德国、日本在内的发达国家都是尽量地从技术创新找出未来经济发展的道路，而我们忙于高速增长，耽误了时间，所以这是我们要牢记的重要问题。

另外，新常态的一个重要表现就是我们的经济转入中高速增长。一般而言，7%甚至6%~7%是中高速增长，中高速增长同样是不容易的，而且并非转入中高速增长就真能够实现中高速增长，因为它需要重要的条件：一是结构调整；二是创新。没有创新，没有结构调整，中高速增长也是不可能的。

经济下行压力的原因是多方面的

第二个问题，是当前我们遇到了经济下行的压力。

第一，要分析下行压力是如何形成的，在经济下行压力下我们该怎么办？要先把问题弄清楚，然后再想办法找出对策。现在不是增长率本身的问题，而是增长速度放慢的问题。另外，也应看到要长期保持高速增长代价过大，我们现在的问题就是前几年的高速增长过程中大量的重复建设，包括低水平的重复建设，加上地方产能过剩等各种因素叠加所产生的后遗症。产能过剩的最大问题一个是造成消耗，另一个是浪费资源。前几年我们超高速增长实际上是浪费资源的增长，没效率的增长。

第二，从经济学的角度讲，经济要稳步增长要看基数是越来越大，还是越来越小。今天我们的基数和10年前相比，是越来越大的，每增加1%，难度将更大，这样的状况不可持续，所以有一个递减的过程，前几年的高速增长实际上也给我们今天的继续增长带来了困难。

第三，国际市场的不稳定给我们的出口、对外贸易造成了一些不利影响。我们遇到了两个困难：日本在高科技产品方面是我们的对手；东南亚国家在低端产品方面是我们的对手，它们的劳动生产率虽然比我们低，但是它们的工资便宜。所以，我们处于这样的环境中，应该认识到今天的困难和国际经济形势是有关系的。

第四，要明白经济下行压力增大后，想要扭转局面为何困难重重？结构调整不是一件容易的事情，已经形成了这么多过度投资，现在要扭转过来，显然不是一件容易的事情。所以，进行结构调整要有壮士断腕的决心，能不能忍受结构调整带来的损失，坚持是非常重要的，如果坚持不下去就会前功尽弃，所以要认识到结构调整的艰巨性。

第五，技术创新。技术创新不能性急，能真正占领市场的技术创新需要经过多年的积累。比如深圳的华为，华为也不是一下子就发展起来的，它现在是收成期了，但华为也意识到不能止步，还要继续创新。

当前有一个话题是“互联网+创新”。互联网意义重大，但是我们还处于起步阶段，还在探索，谁都不知道互联网会把我们推到什么地方，这是经济学界也难以预料的问题。但这是一种趋势，互联网作用巨大，会呈现出很多新技术，让结构调整变得更为顺利，但是否能拉动经济的发展，还要经过一段时间的检验。

正因如此，我们在应对经济下行压力时要坚持两点：一是结构调整，结构调整这一关非过不可；二是技术创新，要走群众创新、创业的道路。思路上要坚定，不要再幻想，也不要老调重谈，经济的大起大落对我们没有好处。所以，我们还得讲宏观调控，着重放在定向调控上，因为定向调控就是结构性的调控，重视微调和预调，这样我们才能适应当前经济运行的下行压力。

未来，高投资未必带来高就业

第三个问题是观念上的转变，高投资未必带来高就业，这是我们遇到的新问题。过去讲新的工作岗位是在经济增长中出现的，经济增长率高，新创造的工作岗位就多。这个观念在过去是符合情况的，因为中国经济还在比较低的层次上运行，但是现在情况变了，因为中国要在产业升级中实现经济增长和高科技的发展，所以对当下来说，就业问题不是靠大量投资就可以解决的。

最近我在企业考察，这个企业未来的厂长在工地上向我介绍，他们进行了大量投资，我就问他，你增加了多少就业？他的回答很简单，一个都不增加，还得裁员。我问为什么呢？他说现在的投资和过去不一样了，技术创新的投资是完全现代化的。比如，用机器人代替劳动力，效率是提高的，但不增加就业，原来年纪大的工人被重新安排，有的就退休了，年纪轻一点的工人要再培训，进来以后首先得是一个技术工人，和以前就不一样了。

我再问其他的企业，当前的就业问题怎么解决，他们说不是靠高投资解决，而是把民间的积极性调动起来，让他们创业，创业就增加了就业。还有的把企业很多部门分散开来，一个部门就是一个创新单位，自己有一帮人在里面工作、发展、赚钱。现在很多人的观念都有所改变，就是从农村出来的劳动力，也不主张出去打工了。首先是学技术，之后就有更多的地方需要你，还可以创业，甚至回家去创业。所以，民间存在着极大的创业积极性，这就是中国未来解决就业的主要途径之一。有人预料，20 年以后不需要写字楼，完全采取职员在家里办公，因此我们对就业的观念需要改变，这就意味着解决就业未必靠高投入。当然，尽管技术在改进，但适度的基础设施投资和加强人力培训还是需要的。

“钱荒”主要是贷款难造成的

第四个问题，高利率未必能够抑制通货膨胀，这是新观点。传统观念认为，通货膨胀是由于投资太多、消费太旺等导致的需求过大造成的，这种形势下，能够用紧缩的办法来解决通货膨胀问题。20 世纪 70 年代初，美国发生了滞胀，一方面是通货膨胀，另一方面是失业，就是失业与通货膨胀并存。于是，当时主流派经济学家都感到不知所措，因为按照传统的凯恩斯理论，总需求扩大了就易引发通货膨胀，总需求小了就产生失业，所以通货膨胀和失业是不可能并存的。当时的美国总统尼克松就找那些主流经济学家，让他们想办法研究为什么有滞胀，结论是当时出现了两种垄断力量：一种垄断力量是工会，工会认为它能控制工人的行动，它坚持一点就是工资必须刚性，就是只能升不能降，工资降了就罢工；还有一种垄断力量是跨国公司，跨国公司认为价格是它控制的，所以它有价格的刚性，价格只能升不能降，哪怕将东西倒掉也不能下降。这两种刚性的同时存在，就像小孩玩跷板游戏，经济学家主张去按住小孩，如果两只手把两个小孩全按住，工资和物价就跳不起来。其实，这完全是违背市场经济规律的观点，但尼克松居然接受了，他实行了新经济政策，这就是 20 世纪 70 年代美国著名的工资冻结、物价管制措施，但是当后来搞不下去，尼克松的政策也就破产了。

到了 20 世纪 80 年代，里根总统接受了供给学派的观点，由于问题出在供给上，所以通过创新产生更多新产品，集中创新成果就能够带动经济增长，于是美国从 80 年代以后经济发展就摆脱了停滞状态，通货膨胀问题也解决了。

这个经验告诉我们，目光不能短视。今天的通货膨胀，就是之前投资过多，需求过大造成的，所以该投资的投资，银行该放低利率的放低利率，才能适应新经济增长。

“钱荒”怎么来的？我在浙江专门为这个问题走了好几个市考察，它不是货币供应不足，M1（狭义的货币，即现金+活期存款）、M2（广义的货币，即现金+活期存款+定期存款）的供应都挺多的。“钱荒”主要是贷款难，银行感到民营企业靠不住，贷款收不回来问题就大了，所以就找信得过的国有大企业来贷款，可是这些国有企业并不需要这么多钱，贷款利率还低，那怎么办呢？把钱转放出去。

民营企业贷不到款，就找国有企业分借一部分钱。另外，很多人贷不到就求助于自己人，于是在浙江就流行一句话“现金为王”，就是企业最重要的就是把现金拿在手里，有了现金就有了一切，这样资金链不会断，产业链会顺畅，有投资机会就能下手。最终，家家企业都是超正常储备，结果现金储备量大了，以至于M1、M2没变，但还是紧张。

所以，中国以后如果发生通货膨胀，一定要多方面考虑。

市场是可以创造的

第五个问题，任何行业都应该懂得市场是可以创造的，这是一个新命题。我在河北沧州考察，沧州的肃宁县专做裘皮，有些人说现在生意不好做，以前裘皮主要卖给俄罗斯，但由于卢布没购买力了，所以肃宁裘皮即使比欧洲便宜得多，俄罗斯人也不买。最后，我给他们几句忠告：一是“让产品更具有个性化”。因为当前的消费和几十年前是不一样的，20世纪90年代初甚至90年代末都属于排浪式消费，赶时髦的，但现在不是了，现在的消费是个性化的。二是“让服务更人性化”。你和顾客打交道，你板着脸，好像我是对你恩赐一样，那就错了。三是“把品牌打到国外”。目前中国的品牌还没完全建立起来，而品牌是靠多年的产品和质量建立起来的。四是“把消费者留在国内”。如果国内能够买到质量好的马桶盖，人们怎么还会出国去买？把消费者留在国内，这都是可以解决的，我们现在的自贸区就是在解决这个问题。

我在北大光华管理学院经常给研究生讲一个案例，一个生产木头梳子的工厂，找了四个推销员各带一批样品到指定的和尚庙里推销。第一个推销员一把没卖掉，因为和尚说光头不需要梳子。第二个推销员销售了几十把，他跟和尚们说梳子除了梳头之外还有其他功能，如刮头皮止痒、美容等，所以在和尚庙卖了几十把。第三个推销员卖了几百把，他观察到庙里香客很多，香火很旺，但香客们磕完头后头发有点乱，香灰掉到头发上有点脏，于是他就去找方丈，说庙里香火旺，香客这么热情，庙里应该关心他们，在每个佛堂前面放几把梳子，让他们感觉庙里关心他们，他们来得会更勤快。于是他卖出了几百把。第四个推销员销售了几千把，他直接找方丈聊天，说庙里出去办事有人事关系要打通，木头梳子是最好的礼品，可以在木梳上刻上“佛在心中”“积善为本”，把它变成了庙里的名片，这样一来他卖出了几千把木梳。

这个故事告诉我们，市场可以创造，市场创造以后产品功能发生了变化，用新功能代替旧功，就能创造市场。今天我们要走出去，一定要让产品增加新功能，让产品满足消费者的新需求，这样我们才能打开、创造新的市场。

“互联网+”时代的社会人视角

第六个问题，是经济人和社会人的问题。以前所有的经济学书本里谈到的都是经济人假设。经济人假设是说人们是从最低成本、从最大收益考虑的，但今天的世界在发生变化，光讲经济人假设是不够的，社会人假设，就是人不完全从经济人角度考虑，也从社会人考虑。

比如说有A和B两个地方都可以进行投资，在A投资利润高，成本小，在B投资利润没A那么高，成本还比A高，所以从经济人角度出发，人都会在A投资，但偏偏有人从B考虑，愿意在B投资。为什么在B投资呢？有各种理由。第一个理由是B是我的故乡，我已经发展起来了，有钱了，可故乡还那么穷，我愿意在那里投资办厂，解决下岗问题，这是从故乡的角度出发。还有一个人可能这么想：我从小在那里生活过，在那里上学、工作，人多瞧不起我，说我没出息，于是我离开那里创业了，现在有成绩了，我就回来给你们看看，我是不是你们眼里那样没出息，我回来办一个大企业，改变你们过去的成见。或者还有一个人，过去在这里生活了一段时间，做过一些对不起人的事情，今天可能感到内疚、后悔了，而现在自己成功了，就在那里办一个厂，到当地赎罪。

人有各种各样的想法，今天我们进入“互联网+”时代，社会人的想法会逐步增加，所以单纯从经济人角度考虑是有限的。

重视“第三种调节”——道德的力量

第七个问题，是发现和利用好第三种调节。我们过去讲的第一种调节是市场调节，市场是一只无形的手，用市场规律调节；后来是政府调节，用政府有形的手来调节，用法律法规、政策来调节。那么有没有第三种调节呢？市场的出现是几千年前的事情了，部落之间发生了商品交换，才产生了市场。政府调节更晚，有了国家和政府以后才会产生。但是人类在市场调节和政府调节出现前，生存和繁衍都是靠道德力量在调节。有了市场和政府调节后，道德调节也在发挥作用，常言道“小乱居城，大乱居乡”，发生小动乱，乡下人往城里跑，投亲靠友，认为城里比较安全，所以小乱居城；大乱居乡，发生大动乱城里人都往乡下跑，但是大乱的时候市场是失灵的，政府是瘫痪的，但人类还是存活下来了，社会还在继续发展。没有市场不要紧，没有政府也不要紧，因为还有道德力量调节存在。

我们要重视第三种调节，道德力量就是文化调节，文化调节就是每个人都自律，都遵守公共规则。社区文化建设、企业文化建设都促进了人类道德力量的自律，这对我们今后很有用处。

重视资源配置效应，让国有经济增值

第八个问题，是重视资源配置效应。多年以来，经济学中研究的生产效用就是投入产出之比，投入不变，产出增加，生产效率就提高，假定产出不变，投入减少了，也是生产效率提高，所以生产效率是重要的。20 世纪 30 年代以后，出现了第二种效率，叫资源配置效率，资源配置效率的前提是假定投入是既定的，把配置方式调解一下效果也有了，就是用A方式配置产生M效应，用B方式配制产生M+1 效应。这个观念出来以后，产生了两种效率并存，生产效率着重在微观领域内的企业管理、生产部门管理；资源配置效率着重在宏观方面，宏观方面能够使资源配置效率提高，所以我们今后更要重视资源配置效率的提高。比如，国有资产外溢，效率有提高吗？能否把它配置得更好？换一个方式来配置，如果它的效率比现在提高的话，那会增加更多国有资产。

最后，关于经济的未来我们可以得出两个结论：一是它的变化远远超过我们的预料；二是急剧变化而且可能是加速度的变化。在这种情况下，我们很难预料到 30 年，特别是 50 年以后的经济是什么样子。还有蓝领和白领的区别吗？货币的用处还有多大？企业的规模会不会变得很小？将来还有人会买汽车吗？很多问题都是我们今天想不到的。想不到的我们也要想，因为这种经济中的重大变化可能最早就是异想天开的，但异想天开的事或许最终会成为事实。

新常态下，中国的发展还有优势吗？

*

北京大学国家发展研究院名誉院长
林毅夫

近年来，“新常态”是在中国整个媒体的交流当中大家用的最多的一个词。最早引起注意的是2014年5月份习近平总书记到河南考察提出的一个判断，就是中国经济进入了“新常态”，然后2014年12月中央经济工作会议把中国经济新常态的几个特征作了一个全面的阐述，现在国内“新常态”被用到了各个方面，包括经济的、政治的和社会的。

“新常态”这个词其实最早是在美国使用的，2008年雷曼兄弟倒台，爆发了从20世纪30年代以来世界最严重的一场金融经济危机，2009年美国华尔街的金融家就使用了“新常态”这个词。今天想跟各位谈一谈美国的“新常态”有什么特征、产生的原因是什么、跟我们国家的“新常态”有什么不同，以及在新常态下我们经济发展的态势到底会怎么样。

“新常态”对各国分别意味着什么

美国在2009年开始用“新常态”这个词的时候，讲的是美国和欧洲等发达国家可能会经历一段时期，其间经济增长率低、失业率高，而在金融市场上的投资风险会非常大，平均回报率也会相当高。2009年华尔街的金融家作出了这个判断以后，过去6年的时间发达国家的表现也就是这种特征。从美国来看，2009年的经济增长率是接近负增长，到了2013年的时候经济增长率达到了1.9%，低于3%的增长率，2014年的时候大家觉得美国经济有所复苏，年初的时候预计经济增长率可以达到2.8%，尤其是美国第二、第三季度的时候达到了4.7%，但是第四季度又降到了2.2%，2014年全年的经济增长率只有百分之二点几，要比年初预计的2.8%还低了0.4%，美国现在还没有出现这样的情况，所以经济增长率低，危机刚刚爆发的时候失业率达到了11%甚至更高，现在统计失业率降到了5.7%，恢复到了危机以前的水平，我们知道这是“统计失业率”，因为在美国对失业的统计是这样：如果一个劳动者失业，一个月不找工作，就算退出了劳动力市场。由于发生危机以后经济增长不好，很多人失业以后就不去找工作，导致美国的就业人口劳动参与率和过去相比少了差不多3个百分点，那些人不去找工作，所以实际上是失业的。如果把增加的劳动参与率的降低也作为失业率的话，分母变成分子，美国的失业率还是将近10%，这也是低增长、高失业。

美国是这样，欧洲大家也很清楚，欧洲国家在2009年的时候是负增长，在2010年的时候恢复到正增长，但是2012年的时候大家预计可能会恢复到1.1%的增长，实际上增长只有0.8%，相比年初预期少了0.3个百分点，而且也没有恢复到长期增长的3个百分点，没有出现危机之后应该有的常态。发生主权债务危机的希腊、西班牙的失业率超过了 25 个百分点，尤其是年轻人的失业率达到了 50 个百分点。

日本从 1991 年泡沫经济破灭以后一直非常疲软，也有“失去的 20 年”这样的说法，包括宽松的货币政策、积极的财政政策刺激经济，希望能够给结构改革创造空间。安倍晋三在 2012 年底上任以后，2013 年的增长率是 1.5%，2014 年初预计是 1.3 个百分点的增长，结果经济增长率只有 0.2%，还是在衰退当中。失业率和欧美国家相比只有百分之五点多的失业率，但是日本长期的失业率只有 1 个百分点，（欧美国家）和日本相比是非常高的失业率，这也是新常态里面低增长高失业，为什么股票市场上面投资风险会非常大？因为失业率高的时候发达国家有比较好的社会保障，所以政府社会保障金就多了，经济增长慢的时候政府的财政税收是减少的，支出增长非常快，政府财政积累赤字非常快。以日本为例，1991 年日本的财政赤字占国内生产总值的比重是 60%，在 OECD（经济合作与发展组织）国家中属于最低水平，现在日本政府积累的财政赤字在国内生产总值的比重已经达到了 240%，在世界各国中是最高的。

发达国家现在的政府财政赤字普遍超过 100%，如果持续下去会步日本的后尘，为了降低政府还本付息的成本就把利率压得很低，日本从 20 世纪 90 年代中期到现在基本是零利率，发达国家基本也都是接近零利率，零利率怎么维持呢？那就是要非常宽松的货币政策，包括非常规的宽松货币政策。在这种情况下金融就有非常多的流动性，到处是钱，但是在经济增长缓慢的状况之下，发达国家不容易找到好的实体经济的投资机会，就会有这些金融家们开始做短期的投机，把钱投到股票市场当中。就以美国的道琼斯指数为例，在危机前最高的是 2007 年 13 000 点，当时大家都知道美国的股票市场是有泡沫的，现在危机爆发了，美国实体经济没有恢复，表面上看现在美国企业的利润在增加，因为资金不需要成本，增加的利润是从资金成本下降而来，倒并不是效率提高。在这种情况下，现在美国的股票市场指数从 13 000 多点变成 18 000 点，代表了泡沫更大，有的泡沫没有破灭，只不过不知道什么时候破灭，因此通常情况下任何信息的风吹草动都可能造成股票市场价格大涨大跌，平均回报率其实是低的。

“新常态”对中国又意味着什么？习近平总书记在 2014 年 12 月中央经济工作会议当中讲了九大特征，这里包括消费结构变化，以前我们有三大件的说法，电视机、电冰箱、洗衣机，后来变成手机，每个新产品出来就带来了一个消费高潮，现在已经变成了中等收入国家，新的增长热点不像过去那么容易找到了。原来劳动密集型的产业是我们的比较优势，大量的扩张把农村劳动力往低附加值的劳动密集型加工业转移，现在那些产业逐渐失掉了比较优势。

还有人口老龄化，以及环境的承载力的问题、产能过剩的问题，这些问题确实让我们告别了从改革开放以来平均每年 9.7%的增长，从过去基本上是两位数的增长往下调，但是调到什么样的点我们才会进入一个相对来讲可以支撑的、能够长期维持的增长率？我们从 2007 年一个季度又一个季度的经济增长下滑，到 2014 年最后一个季度的增长只有 7.3%，2015 年前两个季度下滑的压力依然非常大，在这种情况下怎么判断中国在新常态下的经济增长速度？

发明就是“一将功成万骨枯”

任何一个国家、任何一个社会的经济增长应该从两个角度判断，一个是经济增长的潜力有多大，另一个是挖掘潜力变成实际增长率的外部条件和内部条件。经济增长的内涵是什么？是人均收入水平不断提高。人均收入水平不断提高靠的是什么？就是我们平均的劳动生产率水平要不断提高。平均劳动生产率水平为什么可以不断提高？靠的是技术不断创新，一个产业里面的产品生产的效率可以更高，或者是同一个产业的产品可能更好，除了这个之外还要不断地出现一些附加价值比现在的产业附加价值更高的产品，所以可以把劳动力、土地资本的资源从现有的产业往附加价值更高的新产业转移，这样做的话劳动效率的水平就会不断提高，经济就可以不断增长。

这个道理不管对发达国家还是发展中国家都是一样的，发达国家要维持长期的收入增长也同样是劳动生产率水平不断提高，技术需要不断创新、产业需要不断升级，这个道理是一样的，发展中国家是这样，发达国家也是一样，但是发达国家和发展中国家相比有一点不同，发达国家的技术跟产业都是在世界最前沿的，它的技术创新必须是自己发明的技术，它的产业升级也必须自己发明新的产业。我们知道发明有一个特性，如果用一句话形容就是“一将功成万骨枯”，如果去当兵你能当上将军的话，扬名立万有地位有财富，但是成就一个将军可能要死掉一万个士兵。

技术升级也是同样的道理，你要发明一个新技术需要大量地研发，但大部分的研发都是失败的，即使申请来了专利，真正有价值的也没有几个。当然了，如果你发明了一个新技术、造就了一个新产业，这个东西有市场机制的话，它的回报率就非常高，为了得到新技术、新产品和新产业，需要大量投资没有这种回报的东西，所以这样的话从实践的经验来看固然新的技术、新的产品到今天为止绝大多数都是发达国家的，发达国家过去 100 多年来的增长率即使是新的技术、新的产品增长率也就是 3%。

技术引进、模仿创新，仍是我们的后发优势。我们发展中国家同样有技术创新，同样有产业升级。什么是创新？就是产业升级过程当中可以有很多消化、吸收、借鉴、模仿的空间，这样做的话创新的成本就低了，风险也就小了，升级的成本就低了。发展中国家如果懂得利用这个和发达国家的技术产业差距，发挥在技术创新、产业升级上面的便利，也就是所谓的后发优势，发展中国家的经济增长速度可以高于发达国家 2~3 倍。改革开放以后我国取得平均 36 年每年 9.7%的增长，哪项技术真正是我们研发的？我不敢说没有，但是非常少，为什么我们增长的速度可以是美国的 4 倍？靠的就是这个后发优势。

我国的“后发优势”还有吗？

问题是后发优势已经用了 36 年，还有多少？这是我们对于未来的一个很重要的判断，有的学者认为我们的后发优势已经用了 36 年，世界上真正利用这个后发优势取得快速增长的国家和地区不多，主要是“亚洲四小龙”而已，它们通常利用这种后发优势在 20 年以后经济增长速度就放缓了，降到了 7%以下，所以国内就有判断说，既然我们已经超常地利用了后发优势，我们现在已经是 36 年了，能够降到 7%以下。我个人对这个看法不完全赞同。

看后发优势不是看过去的增长多快，而是现在平均的技术水平和发达国家的差距有多大，怎样判断我们现在平均技术水平和发达国家的差距？最好的指标是看人均GDP的差距，平均劳动生产率就代表了平均的技术和平均产业的附加价值。我们经过 30 多年的高速增长，2014 年的人均收入是 7 500 美元，按照购买力平价，如果按照市场费率计算我们是 13%左右，如果按照购买力平价计算，到 2014 年我们的国内生产总值超过美国，但我们的人口是美国的 4 倍，代表我们平均的劳动生产率水平只有美国的差不多 1/4。

真正利用发达国家的后发优势实现快速经济增长的经济体人均收入是美国百分之二十几的时候，日本是在 50 年代初期，新加坡是在 60 年代中期，韩国是 70 年代中期，利用后发优势实现了 20 年左右 8%~9% 的增长，这个后发优势如果它们能够实现，就代表我们有这个潜力。我们应该还有 20 年左右 8% 增长潜力的可能，这代表了什么？即使我们今天看到很多产能过剩还可以产业升级，但有潜力并不代表必然能够实现。

经济减速与环境改善没有必然关系

现在有很多混淆是非的观点，很可能会影响到我们潜力的发挥。改革开放以来，我们经济快速增长，但同时出现了较为严重的环境污染，有人认为环境污染是因为我们的经济增长太快，降低增长速度，则增长的质量会提高，环境也会变好，我想这个观点在社会上非常普遍，不能说我们经济增长和环境压力没关系，但我认为并不是经济增长慢，环境就自然会好。

最好的例子，就是中国和印度。1979 年的时候印度的人均GDP比我们高，现在印度的人均GDP不到我们的 1/4，过去 36 年我国平均每年的增长率是 9.7%，印度的平均增长率不到 6%，比我们低了将近 4 个百分点，但是从 2012 年世界上发布的权威研究来看，印度雾霾环境恶化的情形比我们还严重，为什么印度的问题这么严重，我们也这么严重？

我觉得有三个方面的原因：一是和发展阶段有关，我们都还在中等发展阶段，摆脱了农业经济，进入了制造业为主的经济，但是还没有达到发达国家以服务业为主的经济，这是中等收入经济共同的特性。这个时候以制造业为主的经济，能源使用密度高，环境相对农业经济与服务业经济为主的经济体来讲压力更大，中国就在这个阶段，印度也在这个阶段，任何国家在这个阶段的时候环境压力都是很大的，英国的首都伦敦曾被称为“雾都”，就是因为环境问题太大，德国、法国、美国在这个阶段的时候环境都差不多，日本和韩国在我们这个阶段环境也都非常差，因为既然以制造业为主，能源使用密度必然更高。

中国和印度还有另一种不利因素，就是我们都是以煤炭为主要能源。煤炭比天然气和石油污染的程度更高，企业虽然有减污排放设备，但各个地方为了发展GDP，很多企业只要执法不严就不开。制造业阶段跟以煤炭为主的能源结构还需要一个相当长的时间才能改变，而且在这种情况下我们要放缓GDP的增长，除了把工厂都关掉，别无他法，这个也是不可接受的。要不然，放缓的是从中等收入进入高收入的步伐，是从以制造业为主的阶段进入以服务业为主的阶段的步伐，在这种情况下环境恶化的时间可能会变得更长。

产能过剩是过度投资造成的吗?

另一个就是投资在经济过程当中的作用，进入经济新常态以后确实看到了不少产业有产能过剩的情形。一种观点认为，中国现在的产能过剩是因为投资太多造成的，因此中国必须改变以投资拉动的经济增长方式，变成以消费拉动的经济增长方式。否则，继续进行投资，就会加剧产能过剩。我们确实有很多产能过剩的行业，比如钢铁、水泥、电解铝，这些都是建材行业，但问题是，如果我们减少投资，增加消费，这些钢铁、水泥就能消化掉吗？而且，如果增加消费减少投资就意味着减少了对于建材的需求，这样产能就会更加过剩。

如果我们现在继续投资那些产能过剩的行业，产能当然会更加过剩，可是我们是一个处于中等发展阶段的国家，我们现在所在的产业是中低端的产业，如果我们继续进行创新，进行产业升级，不断地从中低端到中高端升级，那么那些投资都是新的，怎么会产能过剩？

政府是否要反周期操作？

还有一个似是而非的观点是我们现在经济下行压力非常大，也有我们新常态的原因，实际上跟发达国家经济发展还没有完全从2008年以来的金融危机当中复苏有关，所以造成了我们外部的出口环境不好，出口是三驾马车之一，出口环境不好的话增长速度就慢了。改革开放以来我们平均每年都要出口增长16%，2014年我们对外贸易增长年初的目标是7%，年末的时候只有3.4%，下行压力当中有外部的冲击和周期性的原因，政府该不该采取一些反周期的经济措施？一种是失业救济，一种是基础设施，到底哪一种比较好？短期看，当然失业救济比较好，如果进行基础设施的投资，投资是需求，也能创造就业，所以从长期的发展来看，进行基础设施的投资要比失业救济有效。

2008年国际金融危机发生以后我们进行了很多基础设施投资，但投资回报率下降。有人说投资回报率下降，政府不应该去做，我认为这种说法不完全正确，因为这种投资需要建设好几年才能形成生产力，不像企业投资形成生产力的时间很快。另外，基础设施回报本身有很多外部性，比如改善交通基础设施，对于企业来讲，基础设施完善了就不会产生交通拥堵，即使这样，政府的投资回报率还是比企业的投资回报率低，经济上行的时候企业已经有很高的投资积极性，政府当然不需要投资，因为经济下行压力很大，企业没有投资积极性，所以才需要政府来做，既然要政府来做，尤其是这些基础设施必然要政府来做，那就要问到底是经济发展好的时候再来投资基础设施，还是经济下行的时候投资基础设施？

如果经济发展好了企业投资回报率很高，再去投资基础设施不就是投资过热了吗？经济下行的时候民营企业的投资积极性不高，政府投资基础设施的成本低，又可以创造就业又可以补贴经济，其实是最好的选择。我在世界银行工作的时候就提出了这个观点，当时在国际上没有引起多少反响。现在国际上对这个问题的看法改变了，国际货币基金组织在 2014 年 10 月初的世界经济展望里面，专门提出经济下行的时候是政府进行基础设施最好的时候，国际上的一些知名学者比如美国前财长、哈佛大学的校长也当过世界银行首席经济学家，也说美国可能会进入长期经济疲软，认为这是进行基础设施建设最好的时候。

“经济增长慢”不但难以倒逼改革，反而会使问题丛生

国内还有一种看法是经济增长慢可以倒逼改革，这个看法也值得商榷。作为一个发展中国家和转型中国家，有很多方面需要改革，如果经济增长慢了，失业问题可能会增加；经济增长慢了，企业盈利状况变差，很多可能就会出现破产的危险，金融呆坏账也会增加。如果这种情景出现，为了稳定社会、稳定金融，政府就会像救火队一样不断地解决这些短期的问题，实际上改革反而不能推行下去，甚至已经进行的改革反而又会被取消，继续用政府原来的方式。

所以，在这种情况下还是要维持一个比较稳定的、中高速的增长。我们

有百分之七八的增长潜力，即使在外部环境不好的状况之下利用我们较好的投资机会，以及政府的财政赤字占GDP的比重在全世界最低的水平，只有40%~50%，政府用积极的财政政策，加上民间的储蓄也高，将近50%，所以可以用政府的钱来撬动民间的钱，再加上有4万亿的外汇储备，达到7%的经济增长基本没有问题，不仅2015年，整个“十三五”规划期间我们都可以达到。

中国正在经历一场经济危机

*

中国经济体制改革研究基金会理事长
樊纲

近期中国经济可以用“过于低迷”来形容，经济数据差，增长速度继续趋于下滑，投资也是一度下滑，出口又是负增长。为什么会这样？为什么会出现下滑的趋势？这件事怎么来的？当然现在有很多说法，比如中国经济到了今天，就是要低，不能高了。

我说不是这样的，现在很多问题，首先归结为中国经济过去10年当中的两次过热，过热之后就有调整，现在我们正处在处理过热后遗症的“调整时期”，也就是低迷时期。前些年的过热是造成今天所有问题的首要原因。政府有没有责任？有责任，那是次要的原因，现在的政策有问题，包括政策过紧。

过去10年中两次经济过热，一次是2004—2007年，大家记住，中国经济两位数增长的年代，其实没有多长时间，就是2004—2007年。

当时，不让建这个，不让建那个，民营企业建钢厂都被关了。那次为什么热？有各种原因。当时改革红利释放出来了，我们开始搞了房改，土地可以买卖，地方政府有了钱，然后搞了很多项目，带动了行业短缺。那时候，上海没有停电，但江浙一带一星期停三四天电都是常事。结果，钢材也少，电也少，大家拼命地投资短缺行业，导致价格一个劲儿地涨。

那时候世界经济也处在泡沫当中，美国的房地产泡沫就是2004—2008年。美国经济过热，房地产泡沫带动了金融泡沫，金融泡沫带动经济泡沫，整个世界跟着过热，当时我国的出口每年增长30%~40%，当然有各种因素，主要是因为美国经济过热带动的。

在内外的驱使下，中国市场形成泡沫。当时既有通货膨胀，也有资产泡沫。2007年增长率达到了多高？达到了14.7%，是现在的一倍。

经济过热之后，全世界所产生的后果都是一样的：产能过剩、债务高企、融资难、融资贵。后来政府出台措施，给经济降温，把过热压住了。2007年9月份，进一步调控房地产市场，房地产市场开始回调，10月份股市开始回调。

本来以为2008年调整一年，2009年调整一年，2010年、2011年可以恢复正常的增长，或者不是正常增长，但可以平稳下来。没有想到还没调整完，2008年第四季度世界金融危机就来了，金融危机一来，G20（20国集团）峰会上大家一致同意，要联手救市，要吸取上次的教训，不能产生持久的衰退。

上次是什么教训？1929年的大萧条。那时候没有宏观经济学和宏观经济理论，危机过了一半，1936年英国人凯恩斯写了一本书《就业、利息和货币通论》，把当时的政策问题进行了理论分析，标志着现代宏观经济学的诞生。

当时的情况，市场就如滚雪球一样，是自由落体式的下滑，最终导致了 10 年大萧条，全世界的经济总量下降了 50%。这个不是增长速度下降了 50%，而是绝对量减少了 50%，就是 1929 年挣 1 000 元，1939 年只能挣 500 元。失业、贫困，造成社会动荡，大家不相信市场，出了纳粹（叫国家资本主义），最终这种极端思潮引发了世界大战，直到 1945 年经济才开始增长，1954 年世界经济才恢复到 1929 年的水平。

你说，这教训惨痛不惨痛？现在有的人还在批评刺激政策，说当时不应该这么做。我说这叫不懂历史，不懂理论，至于采取什么样的政策，政策的力度多大可以讨论，但当时政府一定要积极作为。当时世界政治家坐在一起没有异议，大家一致同意，应该说大家都履行了承诺，这次还是比较成功的，比起上次危机是人类的进步。

中国政府回来也采取了刺激政策，经济很快就上来了，第二年经济增长达到了 10%以上，也就是过热又来了。结果，房价又涨回来了，钢材、水泥等投资又升温了。

那么，两轮过热产生了哪些后果？为什么过热有问题？为什么两轮过热导致了今天的困难局面？最基本的问题就是产能过剩。本来一个产业就那么多订单，结果投资一过热，那么多企业都投资，订单无法完全分摊，于是就形成了产能过剩。

产能过剩有多严重？ 2008 年我们计算钢铁行业的产能过剩，是 4 亿吨的需求，6 亿吨的产能，有 2 亿吨产能过剩。到后来，是 6 亿吨的需求，10 亿吨的产能，有 4 亿吨产能过剩。现在我们处理的就是两轮过热叠加起来的产能过剩，所以各行各业为什么这么困难？因为整个经济过热都产生了产能过剩问题。产能后面是什么？是企业，过多的产能意味着过多的企业。产能后面还有什么？金融的坏账。还有什么呢？我借了钱、投了资，生产了很多东西之后卖不出去，无法还债，债务问题又出来了。这就是我们要清理的各种问题。

现在，从本质上来讲我们就是在经历一场经济危机，就是体偿经济过热的后果。经济过热，泡沫早晚会破，就像股市过热，早晚会崩盘，结果都是一样的，不要幻想我们过热不会有这样的恶果，别人的过热才有这样的恶果。当年日本人也这么说，我们不一样，我们是经济动物，我们没事，最后的结果还不是都一样。

那么，在萧条和低迷时期，我们要清理过剩产能了，企业应该怎么办？

第一，你要认识到，在过热当中形成的这些企业，不可能都存活下去，不可能都有大的发展。不管这个产业在中国是不是朝阳产业，有没有发展，不可能有这么多鱼目混杂的企业生存，总要优胜劣汰。

而优胜劣汰就是发生在低迷、萧条和调整的时候，过热的时候谁都有饭吃，不可能优胜劣汰，现在要调整，有一部分企业就要退出。

第二，你要想想，这时候你在产业中处于什么地位。是处于被兼并的地位，还是处在兼并别人的地位？任何一个细分的行业当中都有两种企业，一种企业是过去几年专注而专业地搞自己的产品，搞研发，搞创新，这些企业处在优势地位，订单在向它们集中。这种企业，现在处在“兼并别人”的地位上。

另外一种企业，本身技术不是太好，生存得也不是很好，或者原来很好，但被各种诱惑，政府的诱惑、投资分析师的诱惑，前些年说“经济转型变成转产”，中国制造业不行了，赶紧转产，做金融或者是地产，搞高新科技、互联网等，但是你没有那样的能力，却天天想转产，东张西望，看不起自己的行业，结果不仅资金调走了，人也不专注，精力分散了，那你一定做不好，现在一定处在艰难的过程中。如果你是这样的企业，就处在被兼并的地位上，不如早早兼并重组，越早做，越能卖个好价钱，至少能把本收回来，还可以做一些别的事。这就是你的分析，不要抗拒市场的调整过程，而要想想怎么顺应它。

兼并重组，其实就是产权交易。如果你肯定被兼并重组，没有优势，那你不如兼并重组给别人。如果你还有一些优势，融资方面你换换思路，别总想自己办企业，没钱就找银行，银行也有自己的各种苦衷，银行能发的也就是周转资金，不可能提供发展资金。发展资金还是要利用股权融资的方式，就是用股权换资金，比如行业当中比较好的企业，我给你让渡一定数量的股权，不让你全部兼并重组，从而解决现在资金难或者周转的问题，这样我企业还可以发展。

不仅新创业可以这样做，需要资金的中小企业也可以这么做，西方很多大企业也会用股权解决融资的问题。有人说我不是不想兼并重组，不是不想卖出去，但价格不合适。但是，你现金流、订单都没有，亏损着还想卖高价吗？不现实，能把本收回来不错了。

总之，调整一定会发生，但我们要把这次调整走完，不能半途而废，要让市场优胜劣汰的机制发挥作用，这样我们的经济结构才能更好，才能为下一轮的增长打下基础，产业效率才能提高。你不能人为地打断，要承认这是一个不可逆转的规律。

我们现在很多产业在世界上没有竞争力，就是因为集中度太低。有些产业只需要两三个企业，我们却有两三百个企业，都在恶性竞争。所以，危机调整时期，就是实现这种调整的机会，以增加我们的集中度。

一般来讲，过热之后产能过剩、发生危机有两种形式：一种是硬着陆，即大批的倒闭破产，大批的债务违约，导致疾风暴雨式的经济衰退；还有一种方式就是软着陆，也就是我们所选择的方式，缓慢一些，有些事不让它破掉，而是逐步地用一个比较长的时间来清理这些问题。

这种方式，不是随意可以选择的，它有前提条件：经济过热的时候，宏观经济政策要起到一定的作用，使“过热”的程度不那么大。

如果前面没有采取措施，任意让泡沫继续，后面也不可能实现软着陆。所以，市场火了，政府应该适度抑制，而市场不好的时候，再进行必要的刺激，进行逆周期操作。

我们国家在硬着陆和软着陆当中进行选择，实行软着陆，是因为我们在经济热的时候政府措施还是起了点作用的。2004—2007 年压不住，是因为市场火热的程度比较强，但还是起作用了的。

没有当时的宏观调控政策，中国的经济不知道会热到什么程度，增长率达到 16%、17% 都有可能，如果那样泡沫会更大。

那么，后一轮也就是 2009—2010 年的过热，我们的政策作用体现在了什么地方？体现在比较及时地退出了刺激政策。

“退出”的概念，相信大家都知道，美国现在还没有退出，一直到 2015 年底才算正式退出。欧盟从来没有退出，日本从来没有退出，我们什么时候退出的？ 2010 年退出的。4 万亿或者是 6 万亿的那些政策，严格来说就实行了一年多的时间，2010 年上半年就开始退出了。什么时候退的？标志事件是什么？

2010 年 4 月份采取了住房限购政策，那是很严格的紧缩性政策。2010

年 4 月份住房限购，6 月份清查地方融资平台，停止了正规银行对地方融资平台的贷款，2010 年下半年财政政策、货币政策从紧。上一轮是政府抑制的，这一轮是我们刺激出来的，我们就及时退出了，好处是泡沫没有过大，防止了泡沫波及过广，典型的例子就是房地产。至此，大家应该一致同意，房地产的一次软着陆，现在基本完成了。

2014 年 9 月份之前，房地产的形势很不好，但形势不好也没有跌多少。二三线的省会城市，价格和收入比例很合理，没有大泡沫。调整的时候也就是 2%、3%的调整。之所以如此，是因为 2010 年及时刹车，使得当时几个一线城市形成的泡沫，还没来得及波及到二三线城市去就刹住了。而 2007 年不一样，泡沫波及到全国了。

一些小城镇的房地产卖不出去，是 2007 年一轮波及过去的，2010 年的泡沫刹住了，这几年就是一个软着陆的过程。小城市、小城镇的住房过剩问题，不是这次过热问题的本身，更深层次来说，是城市化战略出现了问题。城市化的逻辑是人群向有就业、经济发展的地方集中，形成人口的集聚。

很多边缘地区，不适合经济发展，不会再创造出很多就业的地区，人口一定是流出的，那些地方不需要建很多的房子。过去，因为基本战略是城镇化，发展小城镇，地方政府忽悠，我们这里怎么发展，房地产商看着那边的地便宜，所以 2007 年典型的就是大房产商到四五线城市拿地，被忽悠进去了，现在明白了，这个市场是政府政策扭转不了的。

政府还在说要发展小城镇，但人就是往大城市走，这是人的基本行为逻辑，不是以你意志为转移的。日本政府当年采取了多少政策，不要到东京，不要去大城市，去小城市吧，有用吗？韩国政府也采取了很多政策，现在还是 50%的人集中在了首尔。

现在中国的边缘地区，不适合居住、不适合经济发展，边缘地区的小城镇住房问题，不在现在讨论的住房问题范围内，属于战略结构性问题。现在房产商都认识到了这一点，不能在人口流出的地方建房子了。

之所以我们可以实现软着陆，其中一个原因是因为当时的泡沫没有波及太广，这就是政策的效果。住房限购，这是很极端的手段，现在大家都承认，过热的时候采取一些行政手段是必要的，但这些政策也要退出，不能总实施着。2014 年第四季度逐步退出了一些政策，房地产稳定了，进入了进一步的发展当中。当然，房子还要继续卖，但应该是进入了下一轮的周期。

现在我们基本的情况就是软着陆，有些行业正在逐步恢复。软着陆有一个问题，就是时间比较长。但要多长？不知道。

研究经济周期，我们没有经验，因为没有经历过几次。西方国家经常遇到经济周期，而且都是典型的。我们的情况不同于其他国家，所以最好参照自己的情况。

中国经济增长在最近 20 年有两个高点，一个是 1992 年的 14.3%，一个是 2007 年的 14.7%，中间有一个大凹陷。1995 年增长速度还在 10% 以上，但已经是下滑的第二年了，高峰过热的时间是 1992—1993 年，1994 年通货膨胀达到高点，1994 年后开始下滑，经历了 5 年。

5 年之后，有 3 年不下滑但是在低位徘徊，加起来一共 8 年的时间，到 2002 年才算完成这个过程。2003 年恢复正常增长，也就是 8% 左右，2003 年初是“非典”，“非典”之后恢复正常，投资开始增长。虽然 2002 年还有通货紧缩，但我们还是把 2002 年算作调整的节点。总的来说，我们把 1994—2002 年这段时间称作低迷时期（经济学称作萧条时期），我们说得好听一些，叫调整时期。

这段调整时期，包含了一段下滑和一段时间的低谷徘徊，走了8年，前面是一次过热，我们这次是两次过热，一个大高峰，一个小高峰。2004—2010年我们产能过剩叠加出来那么多东西，需要多长时间才能调整完？至少现在还没有完，从2011年开始算，我们刚走了4年。什么意思？一是我们要有思想准备，调整远远没有结束，可能还会有进一步的下滑，下滑之后，可能还会有低位徘徊的时期。

为什么我刚才说企业家要仔细想想你处于什么样的位置？面对这样的调整期，接下来几年你能不能顶住？如果不能，不如早作打算。那么，政府在这里要做什么事情？和以前一样，要托一托。

政府如果不托，不知道会跌到哪里，但这不是说要把经济刺激起来，而是要让调整过程走完，又不能让调整时期跌得太厉害，要托住。上次也做了这样的事情，从1996年开始我们就写文章，怎么扩大内需，政府应该采取什么样的扩张性政策，结果1997年底讨论，1998年搞了刺激政策，因此托住了。

现在，我们大概处在这样的时期：第一，调整期刚走了一半，所以大家要有思想准备，未来恐怕还要调整一段时间；第二，我们现在正处在一个低谷时期，但不要把周期性的因素、周期性调整的因素和长期中国经济增长的要素混淆起来。

经济不好的时候大家的预期和议论都集中在“中国有没有下一轮？”“我们进入中低增长时期”“中国没有高增长了”等问题上，现在大家说这样的话，和上次一样。上次低谷的时候，大家也说不要再提7%了，中国没有高增长了。

那时候也怀疑，7%对不对，因为你的货币发行量没有那么多，铁路货运量没有那么多，调整时期是重工业、用电量等下跌最快。还有通货紧缩，31个月的PPI（生产者价格指数）通货紧缩，CPI（消费者价格指数）也都负增长，和现在的问题也都相近，唯一不一样的，坏账当时主要是银行贷款，多数也是地方政府的贷款，体现为国有企业贷款。

当时银行坏账率是50%，所以90年代末期就清理这些问题。产能过剩严重到当时总理都说，20年不用再建电站，结果没几年电力就出现短缺。所以，现在我们讨论，中国有没有下一轮？一定要谨慎一些。

现在我们经济产生低位调整的原因到底是什么？当然，我们劳动成本提高了，环境污染不可持续了，世界形势不好了，但我们仍然要认真分析，哪些属于长期因素，长期因素占多大的比重？周期性的因素占多大比重？

有人说，2016年是不是可以好起来？我不是很乐观，“十三五”期间的前半段，还得处理“十一五”“十二五”导致的产能过剩问题，但我不认为现在这么低迷就是中国经济永久低迷，现在的低迷有它周期性的原因，就是清理周期性过热导致的产能过剩。

我们现在“过于低迷”的含义，是低于正常增长。41个月通货紧缩，说明我们现在低于正常增长，我们的正常增长不至于这么低，正常增长多高？我个人认为中国的潜力还是在的，每年7%左右的水平是不过热的，但10%是过热的。7%的情况下，如果有41个月的通货紧缩，我们的正常增长率可能会比7%还高一些。从这个意义上来说，我是乐观的，短期调整可能是好事，这样下一轮增长可能会好一些。

2015年7%可能存在困难，或许会低一些。2016年可能还是比较艰难的，后年能够稳定下来，能够有所回升就已经很不错了。

讲到政策，现在过度低迷有两方面因素：一是市场本身的经济波动，到了今天要进行调整；二是政府政策也有问题。2010年及时退出了刺激政策，这是对的，当时采取了一些紧缩性的政策，包括一些极端性的紧缩政策，住房限购、20%的准备金率、贷款额度控制等。

但短期政策有时效性，经济过热你需要紧缩政策，经济下滑你还采取紧缩政策就有问题了。虽然我们及时退出了刺激政策，但是后来经济下滑时没有及时退出紧缩政策，那些紧缩政策一放四五年，忘了，还在紧缩着呢。从2014年第四季度开始意识到这个问题，逐步开始放松这些紧缩政策，如降准、降息、住房信贷等。

比如现在外汇占款减少，我们降低两个点的准备金率，市场上就解释为政府要刺激经济了，其实不是，那叫"退出紧缩"，货币没有多，继续保持在中性的地位。

迄今为止，政府的多项措施都是退出紧缩，不是刺激经济。而且那些政策，本质上不是为了刺激股市，股评家千方百计把政府所有的行为说成为了股市，其实不然。整个经济的范围很大，股市不是说不重要，但货币政策、财政政策并不是围绕股市，而是围绕实体经济和GDP的。股市和GDP有关系，但只限于印花税和证券公司的手续费，资本溢价是不计入GDP的。

我在股市还热的时候有一篇文章说，防止股市上一些人要绑架政府。那时候市场上的倾向，政府不能采取任何对股市不利的政策，那是绑架政府。现在政府投资多了，就不能减少一些吗？为了维持股市什么都不做，只能做有利于股市的？

第一，该紧缩的，以及要退出紧缩政策的，过去做得太慢，导致我们现在过度低迷。

第二，应对风险不够积极，典型的事情是地方债务问题。地方债务问题，不是说地方借的钱都打了水漂，中国政府的债务和西方政府的债务有一个重大差别，它们的债务都是消费债，借了钱花了。我们地方政府借的债几乎都是投在基础设施上了，只是这些回报期很长。

现在我们是机制不匹配，这种不匹配怎么办？用长期国债或者是政府债券，把金融借贷换下来。2010 年发现这个问题，2011 年我们建议赶快做，结果迟迟不做，到 2015 年才开始做，但力度还不够大。2015 年最终可能会有 3 万亿的力度，还债的问题基本可以解决，所以这个风险在开始化解。如果早点化解，中国市场风险情况会很不一样，市场的感觉会很不一样。

第三，政府的不作为。不给企业办事了，2014 年财政部两次发文件，督促各级政府“赶紧花钱”，到最后还有 2 万多亿没有花出去。

这些都是回归正常的经济活动，并不是刺激政策。

还有一个问题，特别是最近一年多来，不景气一个相当重要的外部原因，就是我们的汇率严重高估，导致我们相对低迷，特别是出口问题。

美元或者是欧元限价的汇率，由于不计算通货膨胀，所以这叫名义汇率。汇率有浮动汇率制和固定汇率制，但大家发现固定汇率制越来越不行，世界经济因素千变万化，汇率一固定，会产生各种扭曲。

现在各国都实行了浮动汇率，浮动汇率有两种，一种是有管理的浮动汇率，也就是有政府干预的浮动，还有一种是盯住汇率，也就是一种汇率盯住某一种汇率，作为基准汇率。2005 年以前我们基本是固定汇率制，也就是盯住美元，结果导致我们该升值不升值，出现了货币低估。后来由于外贸顺差增加，外汇储备增长，2005 年我们正式宣布实施有管理的浮动汇率制度，开始盯住一揽子货币。

一揽子货币，就是你进行贸易进出口的时候，用什么货币进行结算，可能 50% 是美元结算，30% 是欧元结算，10% 是日元结算，还有瑞郎、新加坡元、加币等，是用贸易比重加权之后形成的。

我们宣布之后有几年时间，市场人士告诉我，市场变化和一揽子变化很吻合，说明当时我们确实是盯住了一揽子货币。但走着走着，我们又开始盯住美元了，因为盯住美元好操作，简单，不用天天算，结果这次出问题了。什么问题？美元要退出这一轮宽松政策，要加息，美元坚挺以后，从日元贬值开始，世界各国货币都开始对美元贬值，但由于中国盯住美元，结果没有贬值。而且，中国按照一揽子货币计算的"名义有效汇率"没有消除通货膨胀的影响。

按照这么算，2014 年以来我们有效汇率升值将近 20%，但我们没有条件这么升值，结果对世界各国货币升值了这么多，所以大家觉得日本、欧洲的产品便宜，导致我们的出口受到严重影响。

问题出在什么地方？出在人民币汇率浮动不够，盯住美元不动上，你不变，世界各种情况都在变，特别是汇率问题。如果现在人民币对美元贬值，恰好能对过去一段时间实际有效汇率过度升值进行矫正。

一国的汇率，不是你一个国家的问题，是和世界各国的关系问题。世界各国的经济关系发生变化，各种变量都变了，你不变，你就出现了均衡点的偏离。这个问题上，最重要的是什么？还不是贬值、升值，而是要改变你的汇率机制，不要再盯住美元，要盯一揽子货币，根据市场供求让市场浮动。

所以我非常支持赶快推出改变汇率机制这一观念，不再由央行一家天天给中间价，而是市场提出供求，由供求确定中间价，让汇率浮动起来。光给出 2% 的区间，但是不浮动，仍然是盯住，问题就来了。

过去两三年我们盯住美元，导致有效汇率严重高估，这才是首要问题，次要的问题才是贬值，你让它浮动，首先就是贬值，因为严重高估了。前些时候大家一直说人民币汇率太高了，可能要贬值，市场上的贬值压力就形成了，央行的说法，是一次性释放。这次问题的本质，就是要赶快改变过去人民币不灵活、不浮动、过时、扭曲的机制，纠正人民币汇率过度升值的现状。

现在有人提出疑议，这次的时机好不好？中国刚闹了股灾，现在调整对不对？什么叫时机对不对？没有对的时候。今天不好，明天不好，没有完美的时机，制度是一个长期问题，长期的制度改革要不断地做，经常地做，时机好要做，不好也要做，经济景气要做，不景气也要做，这样我们的制度才可能调得越来越好。

人民币贬值是不是为了出口？出口过低，价格扭曲，市场要调整，市场趋势本来就要求人民币贬值，为什么你要和市场对着干？市场本身看到了中国出口太低，需要进行调整，这是我们的供求关系发生了变化。

我个人也认为，政府不应该完全退出管理，我们现在有2%的限制，如果出现大幅度的偏差，也应该进行一定的干预。但是，要区分干预的短期政策和长期机制间的差距，要尽快恢复到比较灵活的汇率形成机制。

总之，中国经济现在处于调整期，不同的行业，不同的产业有不同的苦衷，但这不等于中国经济从长期来看没有进一步发展的余地和潜力，要看到调整的积极方面，在优胜劣汰和结构调整中积极寻找投资机会。

经济新常态应解决的十二大难题

*

国务院发展研究中心资源与环境政策研究所副所长
李佐军

认识新常态，适应新常态，引领新常态，是当前和今后一个时期我国经济发展的大逻辑。然而，要引领经济新常态，必须直面十二大难题：其一，赶超发展症；其二，经济效益偏低；其三，投资依赖过度；其四，扩大消费障碍多；其五，创新驱动不力；其六，贫富差距较大；其七，经济风险累积；其八，资源环境形势严峻；其九，产业转型升级艰难；其十，城镇化仍然滞后；其十一，“设区热”愈演愈烈；其十二，“政策依赖症”难以摆脱。

经济新常态是我们期望出现的经济较理想的状态，需要引领，需要解决经济发展中存在的一系列问题，以走向好的新常态。

问题之一：赶超发展症

“赶超发展症”是超越发展阶段和潜在经济增长率，追求过快过高增长而形成的经济增长病症。其主要特征是：经济增长速度过快；经济运行效率偏低；通货膨胀较严重，资产价格较高，经济泡沫较多；资源能源消耗较多，环境破坏较重；经济增长动力主要依赖投资和出口，创新动力不足；产业结构偏重重化工业，产能过剩严重，区域结构失衡；贫富差距较大；“政府企业化”，考核GDP导向，依赖刺激政策，偏好经营土地和城市等。

中国有“赶超发展症”的部分症状。如经济增长速度过快，1979—2012年GDP年均增长9.8%，远高于世界同期年均增速的2.8%。2002—2011年GDP年均增长更是高达10.7%，远超世界同期3.9%左右的水平。我们不仅要看到高速增长的成绩，也要看到其背后的代价和问题。

经济增长过度依赖投资和出口，2002—2012年，全社会固定资产投资占GDP比重从41%提高到72%，因出口而增加的外汇储备从2 864亿美元增加到2012年的33 116亿美元，增长了11.6倍。流动性释放过多，资产价格偏高，2002—2012年，新增贷款从2.7万亿元增加到8.2万亿元，M2存量从18.3万亿元增加到97.4万亿元，房地产等资产价格快速持续上涨，超出了大多数城乡居民的承受力。

资源消耗较多，环境破坏较重，2002年中国煤炭消费量和产量分别是108 413万吨标准煤和110 732万吨标准煤，2011年分别达到239 286万吨标准煤和246 931万吨标准煤，年均增长率分别达到9.2%和9.3%，近年来环境污染问题凸显，开始出现大范围持续雾霾现象。同时，部分行业产能过剩严重，社会贫富差距较大，地方政府负债较多等“赶超发展症”也很明显。

问题之二：经济效益偏低

经济低效运行既表现在国民经济整体运行中效益偏低，也表现在某种要素的生产率水平偏低。

中国经济低效运行的主要表现有：

能耗过多。国家发改委原主任张平向全国人大常委会作报告时提到，2010 年中国单位 GDP 能耗是世界平均水平的 2.2 倍。中国工程院院士陆佑楣在 2013 能源峰会上提到，2012 年我国一次能源消费量为 36.2 亿吨标准煤，单位 GDP 能耗是世界平均水平的 2.5 倍。我国每消耗 1 吨标准煤的能源仅能创造 14 000 元 GDP，而全球平均水平是 25 000 元 GDP。

水耗较多。中国水资源人均占有量仅为世界人均的 1/4，北方地区不到世界人均的 1/8，但我国用水效率不高，浪费较严重。2003 年万元 GDP 用水量为 465 立方米，是世界平均水平的 4 倍；农业灌溉用水有效利用系数为 0.4~0.5，而发达国家为 0.7~0.8；水的重复利用率为 50%，而发达国家已达 85%。2010 年，我国万元工业增加值用水量达 120 立方米（以 2000 年不变价计），是发达国家的 2~3 倍。

地耗过多。国土资源部发布的《2013 年中国国土资源公报》显示，2013 年国有建设用地供应量为 73.05 万公顷，连续 5 年保持增长。国家土地督察系统在 2011 年例行督察中发现，全国 43 个城市中共有 918 个项目存在土地闲置问题，涉及面积共计 8.84 万亩。

投资效率低。据史正富的研究，1978—2010 年中国的资本产出比为 3.92，美国 1965—2010 年的资本产出比为 5.29，日本 1980—2010 年的资本产出比为 14.69。

问题之三：投资依赖过度

“投资依赖症”是指经济对投资需求、政府投资和非理性投资的过度依赖。中国已出现了较明显的“投资依赖症”，具体表现在：

首先，对投资需求过多，投资率持续超过警戒线。从投资率（固定资产投资/GDP）来看，发达国家的投资率一般在20%左右，新兴经济体在经济高速增长时期投资率在40%左右。若投资率长期维持在50%（警戒线）以上，则意味着经济增长对投资过度依赖。中国20世纪90年代的投资率基本正常，但进入新世纪后投资率不断攀升，2010年、2011年、2012年、2013年分别达到69.5%、66%、72%、78.5%。近5年来维持在65%以上，大大超过了警戒线。

其次，政府投资的比重偏高。据金三林研究，2005年中国投资率比1992年提高了6.1个百分点，其中政府投资贡献了2.9个百分点，贡献率为47.3%；居民投资贡献了2.5个百分点，贡献率为41.3%；企业投资贡献了0.7个百分点，贡献率为11.4%。因此，政府投资增长、居民房地产投资增长成为中国投资率上升的主要原因。

最后，非理性投资较多。非理性投资是指“预算软约束”、缺乏投资责任约束的投资和追求投机效果的投资，没有准确的指标来衡量。由于地方政府的投融资（反映在负债上），特别是房地产投资大致符合此标准，故以此大致代替说明。据审计，截至2013年6月底，地方政府债务达到17.9万亿，截至2012年底，地方政府性债务对土地出让收入的依赖程度达到37.23%。2013年，全国固定资产投资（不含农户）436 528亿元，房地产开发投资86 013亿元，房地产开发投资大致占固定资产投资的20%。

问题之四：扩大消费障碍多

近年来，消费增长低于投资增长，消费总体较为疲软，其影响因素有：

一是收入分配制度改革难。收入分配不公是影响居民消费的重要因素。收入分配制度改革已喊了多年，但至今未取得预期的进展，原因是多方面的，其中最核心的原因是既得利益阻碍较大，改革的决心和力度不够。国民收入包括政府收入、企业收入和居民收入三大部分，前两者与居民收入是此消彼长的关系。在中国目前的体制下，三者之间博弈中居民是能力最弱的，因而居民收入增长相对较慢。2013 年城乡居民收入差距达 3.03 倍，全国居民收入基尼系数为 0.473，超过了国际公认的 0.4 的“警戒线”。

二是降低税费负担不易。税费是对居民收入的一种扣减，对消费影响既大又直接。税费改革可以说一直伴随着改革开放整个进程，但由于中国政府主导经济的体制没变，日益庞大的官僚机构和队伍、大规模的政府投资需要巨大的税费来支撑，因此税费负担至今仍是一个有待解决的问题。2013 年数据显示，中国公共财政收入达到 12.9 万亿元，占当年GDP的 22.7%，人均宏观税负接近万元。

三是通胀影响消费。通货膨胀是对居民收入的一种扣除，对消费影响巨大。当货币日益缩水，居民消费则日益谨慎。由于CPI只主要反映了居民日常消费品的价格变化，随着人们支出结构日益向住房、汽车、教育等大额消费品倾斜，必须更多地用货币发行量（如M2）、资产价格（特别是房价）来反映真实的通胀水平。M2 余额从 2000 年末的 13.5 万亿元快速升到 2013 年末的 110.65 万亿元，M2 占 GDP的比重从 2000 年的 136%提高到 2013 年的 195%，而美国不到 70%。2005 年以来，部分一线城市的房价涨了 10 倍左右。

四是提高全民福利保障水平非短期能解决。各种福利保障对居民消费形成强大的支撑，福利保障越好，居民就无后顾之忧，就越敢消费。福利保障水平取决于福利保障制度的安排。福利保障制度的实质是政府与居民之间、不同居民之间的利益分配。由于中国政府较强势，在财政支出安排上，福利保障支出比重长期偏低。目前与中国同等收入水平的国家用于医疗卫生、社会保障、教育三方面支出占政府总支出的比重约为50%左右。而中国“十一五”规划期间社会保障支出占政府财政支出比重仅10%左右，加上教育也没有超过20%。

问题之五：创新驱动不力

中国的创新驱动问题仍然很多，远不能适应新形势的需要。

首先，知识资本投入仍然不足。仅以R&D（研发）投入来衡量科技创新投入是不全面的，因为R&D投入仅占知识资本投资的10%~25%。近几年中国高新技术产业总产值占GDP的比重一直在18%~20%徘徊，而高新技术产业研发费用增速则一直在20%附近的历史低位上下波动。

其次，企业的创新活动还不普遍。2011年大中型工业企业中具有研发活动的企业不到30%，平均R&D强度仅为0.93%；规模以上工业企业中具有研发活动的企业仅占12%，平均R&D强度只有0.71%。因此，大部分企业仍处于技术跟踪和模仿制造，以及低端加工制造和低价竞争阶段。

再次，高新技术产品进口比重下降。2007—2010年，劳动密集型制造业产品进口比重上升4.7个百分点，而技术密集型制造业产品进口比重下降了3.6个百分点，特别是通信设备、计算机及其他电子设备、仪器仪表、文化办公用机械制造等技术密集型制造业进口比重下降尤为显著。同时，

2004—2009 年，我国高技术制造业的平均产值增加值率不到美国的 50%、德国的 60%，约为日本的 63% 和韩国的 86%；而低技术制造业的平均产值增加值率大约是美国的 84%、德国的 97%、日本的 76% 和韩国的 127%。

最后，人力资本增加开始遇到瓶颈。随着总人口增长减缓和老龄化程度提高，2012 年中国劳动年龄人口达到顶峰开始出现绝对值减少，人口红利对于经济增长的促进作用正在迅速减弱。据预测，2025 年以后人力资本将开始减少。

问题之六：贫富差距较大

一方面，中国的基尼系数偏高。国家统计局数据显示，中国居民收入的基尼系数，从 2004 年的 0.473 逐步上升到 2008 年的高点 0.491，此后逐年有所回落，2010 年为 0.481，2013 年为 0.473。虽然近年有所回落，但仍然大大高于 0.4 的警戒线。

另一方面，城乡居民收入差距也一直较大。从 1978 年的 2.57 倍，一度下降到 1985 年的 1.86 倍，此后一直上升到 1994 年的 2.61 倍，此后 4 年小幅下降，最后又从 1999 年的 2.65 倍一直震荡上升到 2010 年的最高点 3.33 倍，随后下降到 2013 年的 3.03 倍。据国际劳工组织发表的 1995 年 36 个国家的资料显示，绝大多数国家的城乡人均收入比都小于 1.6 倍，美、英等国的城乡收入差距一般在 1.5 左右，只有中国等三个国家超过了 2 倍。

问题之七：经济风险累积

中国经济已积累了一定的风险，表现如下。

一是政府和企业债务负担过重。据审计，截至 2013 年 6 月底，中国各级政府债务达 30.3 万亿元，地方政府债务 17.9 万亿元，2014 年、2015 年到期需偿还债务占总债务的21.89%、17.06%。地方政府性债务对土地出让收入的依赖度达37.23%。

二是货币信贷过度扩张，不良贷款率上升。2014年9月末，中国M2余额达120.21万亿元，M2/GDP从1997年3月末的109%上升到2014年3月末的超过200%，6月末更升至205%。2008—2013年，银行各项贷款余额年均增长19%，远超同期GDP增速，银行业资产占GDP比重持续攀升至260%。银行信贷过于偏向高风险资产，房地产贷款及房地产抵押贷款占银行业各项贷款比重近35%。

三是影子银行过快增长，风险加大。全球金融稳定理事会（FSB）近期发布的《2014全球影子银行监测报告》显示，2013年中国影子银行资产规模同比增长超37%，居全球第二，总额接近3万亿美元，居全球第三。另据中国社会科学院专家测算，中国影子银行规模可能达27万亿元人民币（约合4.39万亿美元）。中国信托资产规模从2008年的1.24万亿元快速膨胀到2014年第二季度末的12.48万亿元，稳居金融业"老二"。多数影子银行将短期资金（其中银行理财产品60%为6个月以下）配置到房地产和基础设施建设等长期项目或资产上，增加了期限错配风险。

四是高房价等资产价格泡沫较多。2004年8月31号实行招拍挂制度以来，中国房价踏上了持续上涨之路。2003年全国商品房均价每平方米2 456元，2013年涨到了每平方米6 237元，涨了近3倍。北京、上海等一线城市的房价上涨更为显著，如北京2003年新建商品住宅均价为每平方米4 747元，2013年达到每平方米23 616元，二手住宅成交均价达到每平方米29 122元，涨了近5倍和5倍以上，中心城区的楼盘有很多涨了10倍以上。

五是多行业产能过剩严重。2012年底，中国钢铁、水泥、电解铝、平板玻璃、船舶产能利用率分别仅为 72%、73.7%、71.9%、73.1%和 75%，明显低于国际通常水平。据中国企业家调查系统组织实施的“2013 中国企业经营者问卷跟踪调查”显示，中国企业设备利用率总体上为 72%，其中制造业仅为 70.8%，超过 70%的企业家认为本行业存在产能过剩问题。

问题之八：资源环境形势严峻

中国资源环境形势的严峻性已毋庸讳言。

一则资源、能源消耗过快。2012 年中国经济总量占世界的 11.6%，但消耗了全世界 21.3%的能源。2013 年能源消费总量达 37.5 亿吨标准煤，其中煤炭消费量占一次能源消费的 66%。2012 年中国单位 GDP 能耗是世界平均水平的 2.5 倍，美国的 3.3 倍，单位资源产出率只有美国的 1/10 左右。2013 年，中国原油对外依存度为 58%，铁矿石对外依存度接近 70%。

二则环境污染形势严峻。研究表明，1950—1980 年中国的雾霾日较少，2000 年以后急剧增加。2013 年全国平均雾霾日为 35.9 天，按新标准 74 个监测城市中空气质量达标率仅 4.1%。近几年华北地区部分城市雾霾日达到全年的 1/3 以上天数。全国十大流域的水质总体为轻度污染，在 704 个水质监测断面中，劣 V 类水质断面比例占 8.9%。2013 年，全国土壤中度、重度污染分别占 1.5%、1.1%，全国耕地 10%以上受到重金属污染。

三则生态环境恶化趋势尚未遏制。据国家林业局第八次全国森林资源清查，全国森林覆盖率为 21.63%，仍低于世界平均水平。第二次全国湿地资源调查（2009—2013 年）结果显示，全国湿地面积比第一次调查结果减少了 8.82%。2012 年全国自然保护区面积占辖区面积比重较 2006 年下降了 14.9%。中国是世界上水土流失最严重的国家之一，全国水土流失面积仍达 295 万平方公里，占国土面积的 30.7%。2013 年全国共发生各类地质灾害 15 403 起，造成直接经济损失 101.5 亿元。

问题之九：产业转型升级艰难

多年来，推进产业转型升级的效果不太理想，主要表现在：

第一，第三产业或服务业发展仍然滞后。虽然 2013 年中国第三产业增加值占 GDP 的比重达到 46.1%，首次超过第二产业占比的 43.9%，但仍然低于 2012 年全球服务业增加值 70% 的占比，也低于与中国发展水平相近的中等收入国家 54% 的占比，更低于高收入国家 74% 的占比。同时，中国国内生产总值约相当于全球的 11.3%，制造业在全球的份额已达到 24.2%，而服务业增加值仅相当于全球的 7.3%。2012 年中国服务业增加值仅相当于美国的 29%，而制造业增加值相当于美国的 125%。

第二，高消耗、高污染、高排放的"三高行业"比重偏高。第二产业主要由工业组成，工业中重化工业比重达到 70% 左右，而重化工业单位产值中碳排放量、能源消耗量是服务业的 9 倍左右，大多数重化工业（如煤炭、石化、钢铁、水泥等）属于典型的"三高行业"。

第三，高附加值的知识或技术密集型产业比重较低，低附加值的劳动或资源密集产业比重较高。2013 年，福建省高新技术产业增加值占地区生产总值的比重仅为 14.2%，湖北省到 2015 年按"十二五"规划高新技术产业增加值占生产总值的比重才达到 15%，即便是高科技产业发达的深圳市，到 2015 年按规划高新技术产业增加值占全市生产总值的比重也就 35%。

第四，品牌产业比重低。如目前几乎所有汽车跨国集团公司都在中国找到了一个或多个合资合作伙伴，带来了 70 余个品牌，建立了自己的生产、销售基地，占据了 70%以上的市场。中国汽车企业迄今还缺乏属于自己的知名品牌，到 2010 年 4 月全国近 500 个驰名商标中，汽车品牌的驰名商标仅占 4%。

问题之十：城镇化仍然滞后

虽然 2013 年城镇化率达到了 53.73%，但总体来说城镇化仍然滞后。

一是中国城镇化仍然滞后于自身的工业化进程。如 2010 年中国的城镇化率为 51.3%，工业化率为 46.8%，二者的比值为 1.09，而同年全球的城市化率为 50.9%，工业化率不过 26.1%，二者的比值为 1.95；同年美国的比值为 4.1，法国为 4.11，英国为 4.09，德国为 2.64；“金砖五国”中的巴西、俄罗斯、南非和印度分别为 3.22、1.97、1.38 和 1.15，都比中国的比值高。这说明，中国的工业化进程较快，但城镇化没有取得同步的进展。

二是存在“半城镇化”或“伪城镇化”。53.73%的城镇化率存在一定的水分，其中部分只能算“半城镇化”或“伪城镇化”。若考虑到“身体已进城，权益没进城”的“农民工”现象，中国户籍城镇化率实际仅有 36%左右。国家新型城镇化规划也提出，到 2020 年中国常住人口、户籍人口城镇化率分别达到 60%、45%左右，也反映出两种城镇化率之间存在 15 个百分点左右的差距。

问题之十一：“设区热”愈演愈烈

近年来出现了一个令人忧虑的现象——各地都在争取成为试验区、示范区、城市新区和规划区等，与当初的“开发区热”很类似，且呈愈演愈烈之势。这种“设区热”有许多副作用和后遗症。

其一，阻碍了全国统一市场的形成，不利于各地区公平竞争。好的区域发展战略和政策应是形成全国统一市场，让各地区公平竞争。对各个地区来说，只有在统一开放、竞争有序的市场中，才能形成对未来的稳定预期。但上述做法却是在制造一个个拥有特权和优惠政策的区域，阻碍全国统一市场的形成。那些没有得到帽子的区域感觉不公平，那些得到帽子的区域将主要精力放在如何利用特权和优惠政策上，而没有放在如何真正形成健康、可持续的竞争力上，从长远看也可能失大于得。

其二，扭曲了资源的配置，不利于提升国民经济的整体效率。经济学基本原理告诉我们，资源的最优配置依赖于完全竞争的市场（帕累托最优的假设前提是完全竞争）。完全竞争的市场在现实中不存在，但统一、公平的市场是可以形成的。对区域发展来说，只有在全国统一开放、竞争有序的市场中，才能形成资源的合理配置。但如果各地穿插着很多拥有特权和优惠政策的区域，则资源配置会被扭曲，优质资源会过多、过于集中地流向特权区域。这种资源的流向虽然有利于这些特权区域，但会降低整个国民经济的资源配置效率。

其三，浪费了土地等资源，催生了经济泡沫。这些试验区、示范区、城市新区和规划区等一旦批下来后，往往会大肆圈地，有的动辄圈地数十平方公里。圈下来的土地有的低密度、低效率地开发了，有的甚至圈而不用，一直撂荒，造成了巨大的土地等资源的浪费。同时，这些地区往往成为一些地方政府大肆造城、拉动投资、增加GDP、塑造形象工程的平台，并依此大规模融资，增加地方债务，倒逼央行印钞和释放流动性，催生经济泡沫。

其四，造成了劳动力“候鸟”式的流动，不利于城镇化的健康发展。在这些区域，一方面要大规模超前进行基础设施建设，另一方面要大规模招商引资，聚集各类企业，吸引包括农村富余劳动力在内的各类劳动力前来就业，由于城乡二元户籍制度的存在和福利保障制度的不统一，多数劳动力往往不能在这些区域扎根，只能在城乡之间、不同城市之间像“候鸟”一样频繁流动，引发了不少社会问题。只有当人口和劳动力在公平竞争的区域自由选择、自由流动时，才能形成健康的城镇化。

其五，增加了政府机构和人员，提高了政府运行成本。每设一个试验区或示范区或城市新区或规划区等，都会在原有的政府机构外，新设一组诸如党工委、管委会之类的新机构，而且级别往往较所在地区更高，由此增加了很多新的管理岗位，安排了许多新的干部。尽管这些区域较旧区可能机构更精简、人员更精干，但从一个区域总体来看，仍然是新增了政府的行政成本，加重了老百姓的负担。

其六，制造了“寻租”机会。正因为这些地区与周边其他地区相比拥有一些特权和优惠政策等，因此形成了税收、土地、信贷、准入条件等方面的“价差”，形成了“寻租”空间和机会，为一些腐败分子提供了便利和条件。

问题之十二：“政策依赖症”难以摆脱

“政策依赖症”是指国民经济及各个主体对政策形成了难以割舍的持续依赖，一旦离开了政策，就难以正常自我运行，进而导致经济增速过快下滑、经济效益下降、资金链紧张等种种经济病症。

新世纪以来，中国经济开始出现了明显的“政策依赖症”，特别是 2008 年以来，为了应对国际经济危机，政府和社会都表现出对宏观政策的持续依赖，最突出的表现是：政策间隔期越来越短，自 2009 年上半年的保增长到 2012 年第二季度的稳增长间隔了三年，自 2012 年第二季度的稳增长到 2013 年第三季度的稳增长间隔了一年多一点，自 2013 年第三季度的稳增长到 2014 年第二季度以来的稳增长只间隔了半年左右，而且2014年第二季度以来的稳增长似有难以退出的迹象，以至于不能再有间断，否则经济下行压力快速显现。

对一个经济体来说，一旦形成“政策依赖症”，就会产生以下后果：一是市场功能退化，因为政策对市场产生了替代作用；二是法治功能下降，过度宽松的货币政策会对社会契约（货币本身就是一种契约）造成损害，倾斜的财税和土地政策等会对公平的法治秩序带来冲击；三是社会创新动力减弱，如果可以通过宽松政策轻易实现经济增长，就会削弱对创新动力培育的追求；四是政策制定部门会对政策作用产生幻觉，以为政策无所不能，且会不断用新的政策去解决旧的政策形成的问题，以致形成恶性循环，直至通过危机进行强制调整；五是一旦政策开始退出或政策效用递减，经济就可能出现较大的波动。

对企业等经济主体来说，一旦形成“政策依赖症”，也会产生以下后果：一是投机心态加重，市场需求和自身经营出了问题后就寄希望于政策救助，或者争政策，或者等政策；二是自我创新能力弱化，当通过争取政策可以较容易地增加利润时，就不再努力去追求创新，去追求市场竞争力的提升；三是一旦政策退出或政策效用减弱，就可能导致资金链紧张、企业效益下降甚至破产等问题。

什么是中国与世界的新常态？

*

清华大学苏世民学者项目主任
李稻葵

新常态是本轮金融危机爆发以后，近年国际上描述发达国家经济与金融状况的一种常用说法，该说法在最近两年的冬季达沃斯世界经济论坛上频繁出现。而中国经济从 2013 年开始进入一个增长速度相比之前明显下降的发展阶段，新常态也因此被反复用来描述中国经济的新形势。

新常态对于中国和世界到底意味着什么？对这一问题的判断，无疑是一个影响中国经济、社会以及企业相关决策的重要课题。以下，我们分别针对发达国家、除中国之外的新兴市场国家以及中国三类经济体，分析其各自发展的新常态。由于分析过长的年份需要更加粗线条的研究框架，精准度也随之下降，本文将时间窗口设置为未来 3~5 年的中期发展阶段。

发达国家的新常态

国际金融危机爆发6年之后，发达国家陆续进入后危机时代的恢复进程，不仅英国、美国，即使是危机深重的希腊、西班牙，也已经全面进入逐步走出危机、不断修复创伤以及调整引发危机的深层次问题的阶段。

对于英国、美国等国，新常态意味着经济总体增长速度比之危机前略有下降，但最重要的是，这些国家在危机后的增长主要来自于金融、房地产、高科技、高端服务业等领域，因此其所面临的最大挑战，是如何协调经济发展与经济恢复过程中的社会矛盾。尤其突出的问题是，全球化的大格局导致发达国家一大批低技能人群丧失了经济竞争力。以美国为例，尽管失业率不断下降，但大量人口长期失业且已经不纳入失业的统计。因此有人讲，美国的恢复是富人的恢复，收入差距在扩大。在英国，虽然经济增长速度并不低，但是员工的薪酬却在下降，这是连英国人自己都感到分外吃惊的经济现象。

综合分析，西方发达国家新常态的主要特征是：在全球化的压力下，经济社会体制和政策“向左转”，更加强调分配的公平性，强调对市场机制，尤其是金融市场的约束，同时，对于社会高收入人群的税收也会有所加强。这一点从最近一个时期以来，法国经济学家皮凯蒂的新作《21世纪资本论》走红并引发热议中可以得到一定的佐证。

中国之外新兴市场国家的新常态

中国之外的新兴市场国家，在这一轮金融危机初期所受到的影响相对有限，而从2009年开始，当发达国家大规模推行量化宽松及其他宽松的货币政策之后，大量资本涌入新兴市场国家，再加上中国经济迅速恢复所带来的对大宗商品需求的上涨，新兴市场国家的经济出现了一轮兴旺、蓬勃发展的可喜格局。不幸的是，这一轮发展的基础并不牢固，因为不少国家的市场机制并不牢固，宏观管理并不够稳健，所以从2013年初开始，当美联储宣布将逐步退出量化宽松政策的时候，新兴市场国家遭到了新一轮撤资的冲击。可以预计，在受到发达国家货币政策调整的影响之下，这些国家的新常态将是经济整体增长速度的低迷，而这个低迷的过程，又会刺激一部分新兴市场国家不得不推行一些面向市场化的经济体制改革。

所以，新兴市场国家新常态的基本主题，是在低增长时代寻求经济体制的改革，试图为新一轮的增长创造一个制度基础，简而言之，就是“向右转”。可以肯定的是，部分新兴市场国家能够抓住机遇，推行改革，而其他一些国家很可能回避改革，将自己的经济推向更加艰难的困境。

中国经济的四种新常态

许多分析家认为，中国经济新常态的基本点就是增长速度的逐步下降，以及债务水平的逐步调整。在我看来，这些分析不一定全面，其原因在于，这些分析过多地关注宏观经济的表现，而我们需要更加深入地分析中国经济新常态的一些内涵，即哪些潜在的、非常重要的经济、社会现象将决定中国宏观经济的新常态表现。综合来看，中国经济的新常态，将有四个方面的重要表现。

新旧增长点的拉锯式交替

这将是中国经济新常态最明显、最突出的一个特点。中国旧的增长点有两个，一是出口，二是房地产，它们将会逐步地、有一定反复地退出。其中，出口的增长将直接受到国际经济波动的影响而出现各种波动和反复。总体上讲，因为中国经济的体量在不断增长，而世界市场将难以支撑中国出口的持续增长，所以，出口以及贸易顺差占中国GDP的比重将不断下降。但这个过程不是线性的，而是波动的。

在中国城市居民基本住房需求大致得到满足的大背景推动下，加之金融市场的调整使得百姓的投资回报率上涨，房地产增长也会出现波动式的下降。这些旧增长点波动式的下降，将与新增长点不断波动式的上升，为整个宏观经济的增长带来阵痛。

中国经济的新增长点有三个：第一，是长期性的、公共消费型的基础建设投资。这些投资包括高铁、地铁、城市公共设施建设、空气和水污染的治理等。第二，是各种生产能力的转型和升级，包括高污染、高能耗的产能的升级，这也不可能是线性的、平稳上升的，一定会出现波动，这与资本市场融资成本的高低以及政府产业政策的调整有密切的关系。第三，是居民消费，中国的居民消费占GDP的比重已是每年上升0.7%，目前已升至47%左右。

问题的关键是，旧增长点的退出是波动性的，新增长点的发力也不是平稳的，因此，未来三五年的经济增长速度将会出现波动。这种波动与中国传统的宏观经济波动不同，传统的宏观经济波动更多来自于总需求的波动，包括投资需求的波动，因此政府需要经常性地踩刹车，通过各种政策和行政手段来应对。而在中国经济的新常态下，宏观经济波动的本质是新老增长点的交替，这种交替将不断导致增长的内在动力不足。因此，宏观政策在这段时间基本的主题将是稳增长，采取各种措施来为新增长点催生。其中最重要的一点，可能是公共消费型基础建设投资的投入，这种投入在一定程度上讲显然需要政府来主导，这也是政府稳增长的主要发力点。

与此相关的是，中国经济由于国民储蓄率高企，所以目前高达 200%左右的债务/GDP 比例还会提高，所谓的去杠杆率的进程短期不会到来。高储蓄带来的高杠杆是合理的，关键是结构，有政府担保的长期债务大有必要提高。

渐进式的经济结构调整

中国经济新常态的第二个表现事实上已经出现，那就是潜在的、渐进式的，并没有完全被观察者所识别的结构调整。

这种结构的调整具体体现在以下几个方面。

一是劳动工资率的持续上涨，尤其是蓝领工人的工资上涨，其背后的原因是剩余劳动力的减少殆尽。与蓝领工人工资以两位数上涨、明显超过名义 GDP 增长速度形成对比的是，总体上资本的收益率在下降。事实上，当前中国已经处在资本成本较高的一个阶段，这种实际利率在 3%以上的情形在改革开放年代并不多见。相信经过下一轮改革，实际利率将又会下降，毕竟中国经济的基本特点是高国民储蓄率。就算按照目前的水平，蓝领工人劳动工资上涨已经带来了资本取代劳动力的趋势，各行各业都在想方设法提高资本对劳动力的比重。伴随资本取代劳动力，资本积累将会加速。

二是悄悄推进的结构调整，是随着新型城镇化的发展，除特大型城市外，户籍已经基本放开，中国劳动人口将实现 60 年来的第一次自由迁徙。今后，中国经济的区域布局将超出行政规划的约束，呈现各城市、各地区竞争高质量人口的格局，中国的经济地理将会发生重大变化，这一进程对中国经济发展的影响将极为深远。

三是结构调整也已经开始，那就是居民消费的比重、服务业的比重均不断上涨。而且，服务业不只是生产性服务业，也包括物流、配送、电商、金融服务等消费性服务业，劳动就业的主要流向也在服务业。

改革的艰难推进

这也将是中国经济的一个新常态。本轮改革的决心和目标以及覆盖面可以说是前所未有，与此同时也必须看到，改革的阻力恐怕也前所未有。与前几轮改革相比，当前改革的重要特点是改革动力的缺位。

改革的动力应该来自于两个方面：

一方面是上层推动改革的能量。这种自上而下的动力现在非常充足，中央特别成立了全面深化改革领导小组。但问题是，本轮改革中，基层政府与国有企业显得比较被动，整体上缺少创造力、能量不足。其原因是多方面的，其中一个比较重要的方面是一些官员激励不足，胆小怕事，不愿冒头，担心改革引发矛盾，从而导致对自身历史问题的调查和追究。

另一方面是经济领域里的推动力。目前经济领域最引人瞩目的推动力来自三大改革：第一是金融体制改革。这一改革目前是自上而下推进的，所以进展相对顺利，利率市场化在未来2~3年有可能基本完成，民间资本创办银行已经开始布局，资本账户的开放也已提上议事日程。第二是财政体制改革。其目前处在规划之中，重点是完善税收体制、划分中央与地方的财政关系。这种自上而下的改革也许在不久的将来可以得到推进。第三是大家众望所归但处于相对停滞状态的国有企业改革。国企改革的根本在于进一步的市场化，在于把国企与政府进一步地分离，在于国企要进一步地进行资本化运营，但是这些方面的探索目前远远不足。总之，艰难的改革将是中国经济的新常态。

国际经济领域中国要素的提升

过去 30 年来，中国基本处于一个接受国际经济规则、融入国际金融体系的大进程中。但时至今日，国际格局已经发生了重大变化，中国已经是世界经济的万吨巨轮，中国经济由于国民储蓄率高企，资金雄厚，很快将成为世界第一大投资国，对外投资超过吸引外资，企业规模也随之不断扩大。因此，中国与世界的互动已经成为一个双向反馈的过程，不仅中国经济要进一步接受国际规则的要求，提升国际化水平。同时，中国也在不断对世界经济的运行规则提出自己的修改意见，不断通过各种运作让国际社会接受自己的一些基本诉求。比如，参与创办包括金砖国家开发银行在内的金融机构，以此来改善国际经济秩序。中国已经不是一个简单的国际规则的接受者，而逐步变成了一个积极务实的行动者，通过对国际经济秩序提出改革意见，让国际社会更好地接受中国经济的存在。这也是未来中国经济的新常态。

总之，金融危机爆发以后，中国与世界都进入了一个新常态。这个新常态本身就是一个动态的、不断塑造新的中国与世界大格局的过程，认真分析、抓住机遇，是中国经济的所有参与者需要学习的必修课。

第二章

新常态下的转型

新常态下如何处理好政府与市场的关系

*

国务院发展研究中心原副主任
刘世锦

政府与市场的关系，是现代经济社会发展中最为基本，也最具争议的一个问题。党的十八届三中全会的一个重要突破，是提出了市场在资源配置中起决定性作用，同时强调更好地发挥政府作用，这既是对国内外长期历史经验的精辟总结，更是指明了深化改革的方向和目标。在新的历史条件下，如何处理好政府这只“看得见的手”与市场这只“看不见的手”的关系，面临着比以往更多的新问题、新挑战。

政府与市场之间不是此消彼长而是共生互补的关系

在政府与市场的关系上，有一种广为流行且影响较大的观点，将政府与市场的关系看成是此消彼长的关系，并用强弱或多少加以表述，如强政府、弱市场，政府少一点、市场多一点，等等。然而，在现实世界中，人们看到的两者关系并非如此简单。

如果将政府支出占GDP的比重看成是政府在经济活动中发挥作用的典型指标，则在近现代经济发展过程中，呈现出这一比重随着人均收入水平提高而提高的规律性现象，这就是有名的“瓦格纳法则”。以由发达国家组成的OECD国家为例，政府支出占GDP比重的均值，19 世纪后期为 10.7%，1920 年为 18.7%，1937 年为 22.8%，到 1980 年上升到 43.1%，此后基本稳定在这个水平上。其中的北欧国家瑞典、挪威、丹麦等，这一比重高达 50% 左右。尽管政府的介入程度上升，但在全球范围内，这些国家的市场发展程度和竞争力是最强的。尤其值得关注的是北欧国家，在政府支出比重高达GDP一半的情况下，其经济高度开放，劳动力市场的活跃程度高于许多其他OECD国家。数百万人口的小国，涌现出了诸如诺基亚、爱立信、马斯基等全球领先的跨国公司，多年来在全球竞争力排序中名列前茅。在亚洲，令人瞩目的是新加坡，由于强制性推行公积金等制度安排，新加坡政府支出占GDP的比重不算高，但政府通过财政政策和政府出资的政联企业，对经济增长格局和产业升级施加了强有力的影响。新加坡经济经历了长时间的快速增长，并跻身于全球最有竞争力的国家之列。

反观数量更多的发展中国家，政府财政支出占GDP的比重一般在 20% 左右。在非洲撒哈拉沙漠以南部分国家，这一比重更低，在这些国家，政府往往难以维持基本的公共秩序，无法形成全国性市场。

如果仅仅以强弱判断政府与市场的关系，我们更多看到的是强政府与强市场的组合、弱政府与弱市场的组合，唯一未能观察到的是弱政府与强市场的组合，这就要求我们由表及里地探索政府与市场之间的复杂关系。

现代市场经济中，不可能没有政府的作用，问题的关键是，政府发挥什么样的作用，以及如何发挥作用。市场经济首先需要借助政府的权威力量界定和保护产权，建立并维护公平竞争的市场秩序，扩展市场体系，履行市场合约，反对垄断和其他不正当竞争行为。没有这些条件，市场不可能正常运转。从这个意义上可以说，有效的市场从一开始就离不开政府。在此基础上，从提供各种公共服务、缩小收入和发展差距、保护生态环境，到宏观调控和中长期发展规划，政府职能可以列出相当长的清单，不论这个清单的内容如何变化，其立足点都应是维护和促进市场更好地发挥作用。如果偏离这个方向，政府这只手伸得过长，越位、错位很多，试图替代市场的作用，甚至搞大一统的集中计划体制，表面看起来政府很强，但市场必定受到严重伤害，是不可能强的。

所以，问题不在于政府是否强势，而在于是否强而有道。弱政府难以支撑强市场；强而无道的政府，也不可能支撑起强的、好的市场。一个强的、好的市场经济的背后，一定有一个强的、好的政府。有效政府加有效市场，理应成为我们追求的目标。

政府与市场关系经历了逐步演变、与时俱进的过程

政府与市场的关系并非固态，而是随着经济社会发展而逐步演变，在不同国家、不同时期呈现出特色明显、丰富多彩的形态。

19 世纪前期，资本主义经济处在发展的初期，政府对经济的干预有限，基本上扮演的是“守夜人”的角色。19 世纪后期，随着与电力、蒸汽机、铁路、电报等新技术引入相关的基础设施建设的增多，工人阶级争取自身权益斗争的高涨和社会对贫困问题的日益关注，政府对经济干预有所增加，但政

府支出比重基本保持在GDP的10%左右。20世纪30年代初大危机发生后，西方国家出现了两个重要变化，一是调节社会总需求为特征的凯恩斯主义盛行，二是社会保障制度的建立和扩展，使政府的作用范围和力度显著加强，政府支出比重也相应上升。

另一方面，“十月革命”胜利后，苏联成为第一个实行计划经济体制的国家。受其影响，“二战”后一批国家建立了与苏联相似的体制，一度取得令人瞩目的成就。在亚洲，日本、韩国、中国台湾和香港、新加坡等后发追赶型经济体，在实行外向型市场经济的同时，政府通过产业政策、发展规划、直接投资等方式，对经济增长过程施加了更多的影响，取得了很大成功。

我国作为世界上最大的发展中国家，改革开放以来的实践为理解和完善政府与市场的关系，提供了大量具有长期意义的新鲜元素。例如，形成并长期坚持“发展是硬道理”的全党全民共识；允许和鼓励地方、基层实验，把好的经验和做法上升为全国性政策；改善投资营商环境，在全国性统一市场的基础上形成地区间竞争；重视处理改革、发展和稳定之间的关系，为经济社会持续健康发展创造必需的政治和宏观经济环境；始终不渝地坚持对外开放，并以开放倒逼国内改革，如此等等。这些做法和经验，有些是其他国家未曾经历的，有些为已有理论注入了新的实践活力，有些则对西方某些固有的发展观念提出了挑战。目前，我国的发展道路正在引起国际社会前所未有的关注。

从政府与市场关系演变的历史进程中可以看出，一是，即使是老牌市场经济国家，政府作用随着市场成熟程度和社会矛盾演变而变化，总的趋势是干预的范围扩大、机制复杂化；二是，后起经济体的政府可以利用已有的技术和知识，采取特定干预手段，加速追赶进程；三是，市场导向的经济全球化进程加快，要求政府相应发挥更多的作用；四是，政府在纠正“市场失灵”的同时，也会带来“政府失灵”，政府与市场关系的平衡是动态调整过程，呈现出某种此消彼长的周期性特征；五是，包括中国在内的新兴经济体的崛起，正在为政府与市场的关系演变开拓新的视野与空间。

经济发展“新常态”要求进一步调整政府与市场关系

在经历了高速增长后，我国经济正在进入中高速增长阶段。在增速放缓的同时，经济结构和增长动力正在发生转折性变化：消费比重超过投资比重；服务业比重超过第二产业比重；外贸增速降低后内需比重相应上升；劳动力总量减少；资源环境压力持续加大；经济增长将更多地依靠生产率提升和创新驱动。与这种经济发展的“新常态”相适应，政府与市场的关系必须作出相应调整。

第一，以法治强固市场经济的基础。我国的市场经济脱胎于传统计划经济体制，后者的影响根深蒂固。这些年地方招商引资，往往靠的是“关系”“人缘”和“土政策”，今天可以给诱人的优惠政策，明天则可能“关门打狗”，而投资者特别是民营资本投资者缺少以法律为基础的稳定预期。因此，切实保护各类产权，营造和维护公平竞争环境，将其规范化、程序化和法治化，是更好发挥政府作用必须补上的一堂“基础课”。

第二，把国有资本改造成实现政府政策目标的有效工具。国有资本和国有企业改革的首要问题是如何“定位”。应当按照党的十八届三中全会精神，使国有资本服从和服务于国家现代化建设的战略目标，重点投向公共服务、重要前瞻性战略性产业、生态环境、科技进步和国家安全等领域。从这个意义上说，改革后的国有资本基本上应当是“公益性”或“政策性”的。应以“管资本”为主的思路，加快国有资本的股份化、证券化步伐，增强其流动性，借助“两类公司”，逐步把国有资本集中到上述相关领域。按照现代市场经济中政府政策工具的要求，构造国有资本管理体制和出资企业的治理结构。

第三，立足于提升人力资本质量加强社会保障体系建设。社会福利支出的大幅增长，是20世纪发达市场经济国家政府公共开支上升的主要因素。社会救济、养老、医疗、就业、教育、住房等方面保障支出增加，对于发达国家改善民生、缩小收入差距，起到了重要作用。有些国家更加重视人力资本建设，通过职业培训，提高劳动者的就业转换能力，使之成为国家竞争力提升的重要源泉；有的国家则形成了养懒人体制，过高的政府支出成为沉重负担，进而导致危机。近些年，我国社会保障体系建设取得重要进展，但随着经济和财政收入增速的放缓，有些地方社会保障支出压力在增大。重要的是转换思路，通过社会保障体系的精心设计和建设，使之致力于促进劳动力的横向和纵向流动，增强劳动者的职业转换能力和创新能力，使社会保障支出成为提高人力资本质量的有效投入，形成中国特色发展型社会保障体系。

第四，形成有利于效率提升、创新驱动、可持续发展的制度环境和支撑体系。在以往高增长时期，先行者的技术可以模仿，经验教训可以借鉴，政府拥有较多的有效信息，可以较低的出错概率在部分领域为增长提供指导，这方面突出地表现在基础设施建设上。但当经济接近技术前沿，越来越多地依靠自主创新时，政府的原有优势明显减弱。此时，需要政府相应转变发挥作用的思路和机制，致力于营造有利于创新、有利于包容多样性和不确定性的体制与政策环境，而不是直接冲到第一线，抓投资、上项目、指定技术路线和产业发展规划。

第五，宏观调控要顺势而为，保持增长阶段转换过程基本平稳，并为转方式、调结构、控风险创造条件。国际经验表明，经济增长阶段转换期具有比其他时期更多的不稳定、不确定性，通常会对宏观经济政策提出严峻挑战。因此，在这一时期，我国宏观调控要与下降了的潜在增长率相适应，顺势而为，避免出现大的波动。一方面要抑制原有的高增长冲动，另一方面也要防止由于预期改变、风险因素冲击等引起的增速短期过快下滑。刺激政策必要时仍可采用，但目的是"托底"而非"推高"。当经济转入新的平台后，要通过深化改革，转换增长机制和动力，力争实现就业可充分、企业可盈利、财政可增收、风险可控制、民生可改善、资源环境可持续的"六可"目标，进而使我国经济发展进入速度有所放缓，但更加重视质量和效益，更具有可持续性的轨道。

新改革观："新常态"与"四个全面"

*

国家行政学院公共行政教研室主任

竹立家

中共十八届三中、四中全会以后，中国改革的未来战略蓝图日渐清晰，改革的理论表述和路径选择正在逐步从充满"改革激情"的老生常谈，向理论与实际相结合的、面对发展现实的操作化、具体化的"务实改革"转变，社会主义全面发展的"新常态"的轮廓正在逐步显现。未来改革的走向和步伐"确定性"增强，改革与发展预期正在形成高度共识。

新时期需要新理论

党的十八届三中全会以来，面对复杂的国际、国内形势和人类文明形态的剧烈变化，特别是面对转型期的中国社会现实与问题，面对经过60多年建设时期社会主义的发展及经验教训，社会主义在新的发展时期和新的发展阶段面临着紧迫的理论创新任务。无论是在社会主义发展理念、发展价值方面，还是在发展方法、发展路径方面，适合于时代语境的、对人类文明进程具有普遍意义的、符合社会主义发展本质的理论建构，都会对社会主义发展的“未来预期”具有重要的标示意义。

因此，仔细梳理党的十八大以来习近平总书记系列讲话精神及在这种精神指导下的改革实践，我始终认为，十八大以来中国改革进程中的最大亮点是社会主义发展的基本理论创新和价值创新。社会公众之所以对中国发展前景的信心提升，一个重要来源是对新阶段改革与发展的理论表述和制度实践的信心。

毋庸置疑，社会主义发展与改革的新时期、新阶段需要新理论，而十八大提出的“五位一体”的改革方略，通过十八届三中、四中全会的凝练、提升、细化和具体化，概括起来可以用“三个关键话语”来表达，一是“全面深化改革”；二是“推进国家治理体系和治理能力现代化”；三是“依法治国”。换句话说，这三个关键话语不仅勾画出了未来中国社会主义改革与发展的基本蓝图和实现路径，而且更重要的是为未来中国社会主义改革与发展提供了基本的理论框架和基本价值目标，强化了未来社会主义发展与改革的“理论确定性”和“价值确定性”。

我认为，对党的十八大以来的社会主义改革的理论创新和发展价值定位，习近平总书记把它概括为“新常态”，并通过“四个全面”的论述界定了“新常态”的“中心内涵”，即“全面建成小康社会，全面深化改革，全面推进依法治国，全面从严治党”。这一论述既从发展目标、发展动力、发展保障、发展方法四个方面把社会主义建设时期的“发展理论”提升到一个新高度，又把“新常态”的内涵从“经济新常态”，拓展到政治新常态、社会新常态、文化新常态，是一个立足中国社会主义实践的，对社会主义发展传统、现实和未来进行深入思考和综合分析判断基础上的一个全面的、重大的理论创新，是从价值与制度两个方面对未来改革和社会主义发展道路的总把握。因而，深刻而又全面地体现了党的十八届三中、四中全会的基本精神。

新常态的理论和价值界定

首先，“新常态”这一概念，是在对过去60多年的社会主义建设，特别是改革开放30多年来中国发展所取得的辉煌成就的基础上，面对中国“社会结构性转型”这一“新现实”，所提出的一种“新改革观”，是符合中国发展现实要求的、社会主义改革与发展进程中的一次质的理论飞跃和现实超越。

不言而喻，基于“新现实”，以“新常态”为核心概念的“新改革观”，不仅是对中国发展的新时期、新阶段“社会主义现实合理化”的一种理论解释和价值敷陈，而且也是对建设时期社会主义意识形态的基本内涵的丰富和完善，充分体现了社会主义意识形态的“开放性”特征，指明了社会主义社会发展的理想蓝图和要实现的终极价值，明确了社会主义社会实现社会转型的基本路径和“社会变迁”的方向。

无论是从理论的角度来看，还是从价值的角度来看，“四个全面”的论述实现了改革的“工具理性”和“价值理性”的有机统一，勾画了改革“新常态”的基本框架，体现了“新改革观”的基本内涵，概括了党的十八大以来治国理政的基本思路，指明了国家治理现代化的基本路径，既为中国未来的改革提供了思想理论支持，又坚定了人民群众对改革前景的预期和信心。

“新改革观”的基本内涵

其次，“新常态”作为“新改革观”的核心概念，具有整体性、综合性、系统性、全面性、理想性的特点。它既是描述性的，又是规范性的；既表达了对“新现实”的一种理性书写，又蕴含着对“新现实”的一种价值预期。“四个全面”的论述，既是对“新常态”的理论和价值界定，也体现了“新改革观”的基本内涵，从而为未来中国社会主义改革树立了新的标杆或“理想蓝图”，把改革提升到一个新的“界面”，使实现社会公平正义、国家繁荣富强、人民幸福安康的“中国梦”，既获得了理论和价值的支持，又具有现实的可行性。

有必要着重指出的是，“四个全面”的论述赋予了“新常态”以新的内涵，使“新改革观”更为清晰准确。这就是说，“新常态”不仅是指经济结构转型、经济发展动力及经济增速的变化，而且更重要的是指“国家治理现代化”这一社会整体发展的战略目标。换句话说，“新常态”这一概念是一个“全面性”概念，它蕴含着系统性改革的“发展框架”，它指涉的改革范围包括了经济、政治、社会、文化、司法、党建、国防、环境等方方面面。

从某种意义上说，我一直以为，随着社会主义市场经济体制的建立和完善，经济改革的“体制性”任务已经基本完成，“新常态”下的经济改革就是要完成经济的“体制性改革”向“技术性改革”的转变，以货币、财政、金融、创新等为技术手段的宏观经济调控能力将成为经济改革、发展、稳定的“新常态”。而这些技术手段能不能有效地发挥作用，关键不是市场的内部因素，而是建立“有效市场”的外部环境，即制度环境。从社会学的角度来看，“制度诱导”不仅决定着个体的人的“人性欲望”向善或向恶的方向发展，也决定着市场机制的有效或无效，决定着社会的高水平稳定性程度。

因此，“新常态”的形成，不仅关乎经济问题，或者是一个“纯经济问题”，而且更重要的是关乎经济发展的制度环境，关乎建立一个适应社会主义市场经济体制要求的政治制度、行政制度和社会管理制度。从国家发展的历史和现实的经验教训及政治经济学的角度来看，好的市场生长环境是靠好的政治行政制度保证的。没有良好的政治行政体制、社会管理体制保证，使人民能共享繁荣，经济发展成果就可能毁于一旦。从这个意义上说，“新常态”所表达的是一种全面的、社会整体性的“新常态”，“四个全面”就比较完整地表述了“新常态”的基本内涵和样态。

为新阶段的到来作理论准备

最后，“新常态”作为一种具有意识形态意蕴的社会主义价值陈述，通过“四个全面”的深刻理论敷陈，形成了社会主义社会新的发展时期的“新改革观”。这种“新改革观”，揭示了未来中国社会主义改革的新的价值理念、新的发展状态，新的制度组合，新的发展道路。

在历史语境下，我们可以清晰地看到，中国经过 60 多年的社会主义初级阶段的发展，在第一个 30 年，基本完成了从民主革命向社会主义建设时期的过渡，实现了社会主义国家政权的稳固；第二个 30 年，在改革开放进程中，基本解决了物资匮乏和贫困问题，极大地改善了人民群众的物质生活状态。目前，中国的经济体量位居世界第二，人均GDP大约 8 000 美元，如果一切正常，到 2020 年，中国人均GDP肯定超过 1 万美元，仅就经济指标看，中国步入了中上收入国家的行列，社会主义发展进入一个新的阶段，面临着新的矛盾和问题，社会主义的“改革议题”也必然发生变化，“新现实”

需要“新改革观”。

中国这一奇迹般的发展速度和财富急剧膨胀，不仅出乎我们的预料，而且也出乎一些国际观察家的预料。在世界和平和社会稳定的前提下，中华民族传统的吃苦耐劳精神和创造财富的热情再一次得到现实印证。同时，这一发展奇迹也正在把中国社会主义社会推向一个新的、更高的发展阶段，使中国的社会主义社会发展面临着“阶段性社会转型”的艰巨任务。也就是说，在未来一个时期内，随着中国社会矛盾和问题的变化，社会主义社会面临着从“社会主义初级阶段”向“社会主义中级阶段”的转型，要推进和实现“新常态”，迈入“新阶段”，中国的改革到了必须直面“阶段性社会转型”的时候了。换句话说，必须为“社会主义中级阶段”的到来作理论准备。

如果说过去60年，在社会主义社会发展的初级阶段，我们所面对的社会的主要矛盾和问题是巩固政权和解决社会的普遍贫困问题，那么在我们较好地解决了社会主义社会国家政权的稳固和社会物资匮乏问题以后，在当前与未来30年、60年乃至100年的社会主义发展的“中级阶段”，随着我们所面对的矛盾和问题正在发生根本的变化，即社会的主要矛盾正在由“社会的普遍贫困”向普遍要求“社会公正”的方向转变。

从人类文明发展的逻辑来讲，财富的丰裕和增加，必然会出现“财富如何分配”的问题，这是一个政治经济学问题，它指涉到社会制度的性质问题，在资本主义的制度框架内，这一问题没有得到有效的解决。因此，在当代人类文明的大背景下，在社会主义发展的中级阶段，让人民群众共享繁荣与发展成果，建立一个公平正义的社会，实现社会主义“公正的价值”和“公正的制度”，搞一个“公正社会主义”制度的社会，是“社会主义中级阶段”经济社会发展的核心目标。只有这样，才能充分显示与“自由资本主义”制度相比较，社会主义制度的“制度优越性”，也才能保证国家繁荣昌盛、人民幸福安康、社会秩序稳定和长治久安。

“新常态”下的“改革议题”的确定，必须打破“常态化”的人云亦云，必须破除习惯性的“路径依赖”，必须“解放思想”和大胆地进行理论创新，用决心和智慧推进社会主义社会平稳地进入“中级发展阶段”，给社会主义一个光明的前景，给人民一个美好的未来。党的十八大以来，习近平总书记系列理论论述，特别是“四个全面”的理论建构，基本上以“依法治国”和“从严治党”为核心，全面勾画出了社会主义中级阶段的改革维度，形成了一个“新改革观”，只要我们坚持“新改革观”的理论指导并在改革实践中认真执行，我们就能给社会主义在中国的发展，乃至给人类文明的发展一个“确定性”的未来。

总之，对中国改革形势的研判，改革议题的选择，改革前景的预期，既必须放到历史的大环境、时代的大环境中思考，又必须考虑到中国改革现实的阶段性特征；既必须有理论和价值高度，又必须用“社会工艺学”的眼光发现问题，有序、有效地推进改革一步一步接近我们的既定目标。未来 5~10 年，是中国社会转型的关键时期，也是中国社会发展上一个新台阶的关键时期，改革的复杂性、艰巨性会进一步增强，相信在“新改革观”的指导下，中国的社会主义发展会进入一个全新的境界。

中国经济转型和未来10年展望

*

国务院发展研究中心“中长期增长’课题组[①]

随着中国经济增长延续回落态势、总体平稳，大学生就业难等问题趋缓，企业效益和财政收入有所下滑，居民收入增长与经济增长大体同步，金融财政风险处于可控状态。具有中长期意义的特征是：消费超过投资，服务业超过工业，经济增长更多地依靠内需，依靠要素生产率的提升，这标志着经济结构和发展动力正处于历史转折阶段。但是，中国经济增长阶段的转换只是走过了上半程，未来可能面临更严峻的挑战。在正确认识的基础上，主动适应并引领经济发展新常态，是转型下半程的中心任务。

中国决策层以“新常态”概括中国经济所处的新阶段，并获得社会各阶层广泛共识。中国经济的运行则展现了新常态的诸多特征，并呈现出若干具

① 摘编自国务院发展研究中心“中长期增长”课题组《中国经济增长十年展望》2014—2023及2015—2024年度研究报告，分别由中信出版社2014年、2015年出版。——编者注

有长期意义的新变化和新趋势。比之中国经济出现由高速增长向中高速增长阶段转换的趋势，更值得关注的是，中国经济正在表现出一些具有中长期意义的积极转变。

从高速增长向中高速增长阶段转换

作为中国新一轮改革的启动年，2014 年开启了“改革与危机赛跑”。中国对未来经济增长进行了调整，2014 年经济增长由 8.1% 下调到 7.5%，2015 年预测经济增长下调到 7%。未来 10 年，平均增速将由 6.5% 下调到 6.2%。

中国经济正在经历着增长阶段的转换，从而转入一个与过去 30 多年有显著差别的新增长阶段，进而出现一些具有中长期意义的重要变化，就是我们现在所说的“新常态”。

在改革中形成经济增长新常态

2012—2014 年，国内生产总值的增长率持续走低（7.8%、7.7%、7.4%）。与增长速度放缓相适应，中国的经济结构正在经历着堪称历史性的重要转折。

经济增长率和结构的变化

生产率增速下滑是进入新常态的规律性现象。过去 30 多年的高速增长期，中国生产率提升速度较快，1978—2013 年中国生产率年均增长率达到 3.6%，对经济增长的贡献份额达到 37%。近几年我国生产率提升速度趋缓，相比 1980—2007 年年均增速超过 3%，2007—2011 年下滑至 1.6% 左右。这体现了追赶型经济体的生产率提升速度将呈规律性的放缓现象，也是经济由快速追赶状态向成熟状态的转折。

进入下半程，我们面临的主要挑战，是如何在避免增速“快落”风险增大的同时，实现平稳触底，并转入稳定且可持续的新增长平台。增速触底的一个关键变量是高投资触底，以往中国经济的高增长主要依托于高投资，而基础设施、房地产和制造业投资关联了85%左右的总投资。所以，投资增速放缓，可以通俗地解释为基础设施、房地产和出口三只“靴子”落地。目前，基础设施和出口两只“靴子”已相继落地，房地产投资也开始回落。加上新增长点的成长，以及严重过剩行业的推出和重组大体完成，中国经济增速有望成功触底。

与增长速度放缓相适应，中国经济结构正在经历着堪称历史性的重要转折。

第一，中国经济通常被认为是以投资为主、工业为主、较多依靠外需的结构。从2012年起，消费占GDP的比重开始超过投资，第三产业首次超过第二产业。外贸出口增幅从过去的20%以上回落到5%~10%（出口增幅的回落，更多要由汇率上升、国内要素成本上升解释）。

第二，率先回落的东部沿海地区逐步适应新环境，呈现增长走稳的趋势。

第三，经济增速回调中，就业总体保持稳定。全国职业岗位需求略大于供给，其中技术工人、熟练工人、基础工程师需求缺口较大。当然，如果短期内增速下降较快，总体就业压力仍可能变得突出。

第四，企业盈利水平对增长放缓的适应性增强。自2012年5月以来，工业增加值增速一直在10%附近及以下，但企业亏损情况总体好于历史水平。

在宏观调控层面，主要是通过调结构、促转型来获取新的增长动力。

中国经济进入中高速稳定增长期

从大的背景看，中国经济仍处在由高速增长向中高速增长的转换期。“经济增长新常态”，或者“中高速稳定增长期”，但是这个中高速增长的“底”在何处还在探索中。

增长速度还与结构转换密不可分。回顾过去 30 多年的发展，消费增长率基本稳定，出口对增长的直接影响有较大的或然性，总体上占较小的比重。2009—2013 年投资总额中，基础设施投资和房地产投资的比重为 25% 左右，制造业投资在 30% 以上。大体上说，中国经济的高增长主要由高投资拉动，高投资很大程度上由基础设施和房地产的投资拉动。

基础设施投资：中国基础设施投资占比和基础设施资本存量占比的峰值，在 2000 年前后相继到来，此后逐步下降。今后几年，这两个比重将大体维持稳定。由于公路（特别是高速公路）密度已与发达经济体接近，高速铁路建设位居世界前列，移动通信工具普及率较高等因素，所以以上领域作为基础设施重要组成部分的投资增幅将有限。

房地产：2011 年房地产投资可能已达历史峰值。2014—2015 年，基于施工面积测算的城镇住宅投资实际增速将降至 10% 以下，“十三五”期间和 2020 年以后，城镇住宅的实际增速可能将低于 5%。

基础设施和房地产投资增速下降，它们所拉动的制造业，特别是重化工产能过剩严重，这些行业的投资增速也相应下降。出口增速下降到 10% 或以下水平，也相应减缓了制造业投资的增长。

这样，随着主要由基础设施和房地产驱动的投资高增长的结束，中国经济的高增长时代也相应结束。所以，增长阶段的转换势在必行。

投资增长放缓后，消费比重将相应上升。相应地，在产业领域，服务业的比重超过第二产业的比重。出口增速的下降，也使增长更多地依靠内需。这样，所对应的体制机制和政策条件都要求发生系统性变革。

经济增长动力调整的挑战

由旧常态转到新常态，所面临的问题、矛盾、挑战多于其他时期是必然和正常的。从国际经验看，许多经济体正是在这个时期出了大的问题。中国的经济转型正在进行中，很可能面临更严峻的挑战，主动适应并引领经济发展新常态，是转型下半程的中心任务。

由高速增长向中高速增长的转换，背后是经济结构重大调整和体制政策环境的深刻变革。从中国目前情况看，这一转换过程将主要遇到以下重要挑战：

1. 如何有效把控和化解转换过程中的财政金融风险。尽管增长过程中存在低效率和风险隐患，但只要有足够大的需求空间，高增长本身具有化解或推后财政金融风险的特性。但当高增长势头难以延续，风险就会显露。

2. 如何拓展新增长领域并促进多种形式的创新。这些新增长领域可能由于潜在需求被挖掘而催生（如教育、医疗、文化、体育等），也可能由于新技术出现而触发（如网购），还可能由应对既有突出的问题而引发（节能、节水、减排、清洁能源等绿色产业），其中潜力最大的是生产性服务业，而加快创新是拓展新增长领域更重要的途径。除技术创新外，组织创新、商业模式创新、制度和政策创新的空间也很可观。

在增长阶段转换过程中，由于原有的增长动力减弱或衰退，而新的增长动力尚在启动或培育之中，所以这是我们面临的一个根本性挑战。增长动力转变的关键，是如何更大程度地促进科技创新和提升技术效率。

以深化改革应对增长阶段转换

十八届三中全会通过的《中共中央关于全面深化改革若干重大问题的决

定》，对全面深化改革作出了战略部署。因此，要应对增长阶段转换期的挑战，争取在不长时间内平稳转入经济增长的新常态，把改革措施落到实处。

今后一个时期的改革将分为两类。一类是攻坚性改革，对那些看得较准，条件具备，风险可以承受的“硬骨头问题”，集中力量和时间争取取得决定性进展。另一类是探索性改革，对那些方向和目录大体明确，但改革路径和方法仍有较大不确定的领域，允许和鼓励地方、基层开展试点，在试点的基础上，将那些有普遍意义的内容上升为全国政策。

今后一个时期应着力从五个方面推进改革：

一是防控和化解金融风险。当前财政金融风险隐患集中在地方融资平台、房地产、产能过剩行业等领域，应正确处理局部风险和全局风险的关系，通过改革强化约束、增进效率，以局部风险的有效释放，争取不出现系统性风险。

二是以破除行政性垄断，促进竞争为重点，加快基础产业领域改革。集中体现在基础产业，在这一领域的放宽准入上，应该有一些标志性的动作，既要“放小”，也要“放大”。

三是以降成本为重点，促进企业盈利模式转换。当前对企业转型升级形成严重制约的有六项成本，即劳动成本、土地成本、资金成本、流通成本、知识产权保护成本和准入成本，降低这六项成本都亟待相关改革的深入和突破。

四是以服务业为重点，加快对外开放和对内开放。服务业是中国下一步增长和潜力最大、新增长点众多的领域。要把服务业作为下一步对外开放的重点，着力推进金融、教育、医疗、文化、体育等领域的对外开放。与此同时，更要加快服务业的对内开放。

五是积极推动产业转型升级和创新驱动。服务业特别是生产性服务业，很大程度上是为制造业提供服务的。高竞争力的制造业与高质量的服务业是密不可分的。必须毫不动摇地持续发展制造业，重点是加快制造业转型升级，并逐步实现由低成本要素驱动向创新驱动的转换。

未来10年中国经济展望

结构升级将继续是未来10年经济发展的主要特征。未来10年，消费率将快速上升，由目前的50%，上升到2023年的60%以上，相应的投资率将不断下滑，到2030年将下滑到35%左右。与此同时，服务业占比将从目前的46%上升至2023年的57%左右，相应农业和第二产业的比重将有所下滑。

中国经济处于合理区间，风险累积

2012年以来，中国经济在下行趋势中避免了大起大落，从而为各类市场主体有序转型创造了较好的宏观环境。2014年，GDP增长7.4%，经济运行仍处在合理区间。

改革开放深入推进。大力推进简政放权，政府的权力清单、责任清单进一步规范；财税、金融等改革稳步推进；中韩、中澳自贸区完成实质性谈判，APEC（亚太经合组织）会议达成了建立亚太自贸区的时间表；自贸区建设平稳推进，对外开放正在迈上新台阶。

加强发展薄弱环节。加大中西部铁路、棚户区改造和城市地下管网等建设，进一步夯实农业基础，实现粮食生产“十一连增”。

就业保持稳定。城镇新增就业达1 300万人，从全国就业供求分析看，“求人倍率”稳定在1.1左右，总体上求大于供。31个大中城市的调查失业率为 5% 左右，并未随经济下行而走高。

随着人口结构的变化，新增劳动力总量压力已经明显减弱。经济结构发生积极变化：三产拉动 GDP 增长 3.8 个百分点，对经济增长贡献率为 51.6%。消费对经济增长的贡献稳步上升，超过投资成为经济增长第一带动力。

工业：规模以上工业企业利润总额同比增长 3.3%，财政收入和税收增速分别为 8.6% 和 7.8%。效益指标相对于经济增速的弹性减小，表明市场主体逐步适应宏观环境的变化。行业盈利水平出现分化（煤炭、冶金、有色、化工等重化工业销售利润大幅下滑，纺织服装、家具、金属制品、家电等传统优势产业基本稳定，医药、仪器仪表、运输设备、专用设备等高端制造业利润保持较高水平）。这表明，随着结构升级，不同行业的企业在逐步形成与 7% 左右的经济增速和 10% 左右的工业增速适应的运营机制。

房地产：2014 年全年完成城镇住宅投资 6.5 万亿元，较上年增 10.5%，增速降至 16 年来的新低。住宅新开工 13 亿平方米，较上年降 12%。土地购置面积下降 14.5%，成交总价款与上年持平。城镇住宅销售面积 10.5 亿平方米，销售收入 6.1 万亿元，均较上年降 10%。70 个大中城市价格同比下降 2.7%。近 3 年施工和竣工面积年均增速降至 10% 和 5% 左右，仅相当于 2004—2011 年年均增速的一半。按照住房建设规律，施工和竣工的阶段性高点预计可能在“十三五”规划期间出现。

基础设施：基础设施投资 11.2 万亿元，同比增长 20.29%（水利环境和公共设施管理增长 23.6%，交运仓储邮政增长 18.6%，电热气水增长 17.1%）。西部地区的交通建设投资额及增速均超过东、中部地区。增速比上年低 0.91 个百分点，主要原因是中央加快清理地方债务、土地市场趋冷。

当前，经济运行仍存在一些严峻问题：

第一，经济增长下行压力依然较大，从投资、消费和外需几方面看，增长动力面临“青黄不接”的挑战。

第二，经济结构调整偏慢，产能过剩的问题可能将持续较长时间，实体经济整体效益下降。整个制造业的设备利用率仅70.8%。传统产业产能过剩行业从钢铁、电解铝、水泥、汽车等扩展到焦炭、电石、铁合金、铜冶炼、纺织、石化等行业；新兴产业产能过剩包括碳纤维、风电、LED（发光二极管）、锂电池、光伏等领域。重化工业和国家鼓励发展的新兴产业，往往是地方赖以提高地方经济的着力点。由于地方保护和缺乏有效退出机制，过剩产能调整进展缓慢，这使得行业整体受到拖累，破产倒闭的风险增加，并引发金融财政风险。

第三，房地产泡沫、流动性风险和地方债务等风险有所累积，财政收入增长放缓与财政支出刚性增长之间的矛盾有所突出。

（1）经过近些年的迅猛发展，房地产市场的区域格局发生分化。一二线城市因吸纳就业能力高，城市规模仍在扩张；三四线城市住房出现供大于求局面，但地方政府在土地财政惯性作用下继续供地。

（2）地方融资平台的融资和政府债务规模急剧膨胀，支持大规模基础设施建设。截至2013年6月底，各级政府负有偿还责任的债务20.7万亿元（占GDP的36.7%），负有担保责任的债务2.9万亿，可能承担一定救助责任的债务6.7万亿，三项累计30.3万亿元。由于缺乏稳定的地方支柱税种和主体税源，过度依靠土地财政和抵押贷款，现有基础设施投融资模式显然不可持续。

（3）货币供应量持续高于GDP名义增速，债务余额占GDP比例已达215%左右，货币总量巨大与资金价格高企并存，大量新增资金配置到房地产、地方基础设施建设等领域，挤出实体中小企业的资金需求，推高市场利率。经济增长放缓，房地产调整、地方债务累积、制造业经营困难，导致部分债务违约、小贷公司破产，银行不良贷款率上升，加上联保互保等因素，金融风险快速积累。目前，风险尚在可控范围。

表 1　中国政府债务规模

（单位：亿元）

年度	政府层级	政府负有偿还责任的债务（政府债务）	政府或有债务	
			政府负有担保责任的债务	政府可能承担一定救助责任的债务
2012 年底	中央	94 376.72	2 838.71	21 621.16
	地方	96 281.87	24 871.29	37 705.16
	合计	190 658.59	27 707.00	58 326.32
2013 年 6 月底	中央	98 129.48	2 600.72	23 110.84
	地方	108 859.17	26 655.77	43 393.72
	合计	206 988.65	29 256.49	66 504.56

资料来源：国家审计署（2013）

第四，农业、外贸、社会、民生和生态环境等领域也出现了一些新的问题和挑战。

当前中国经济预计增长趋势

2015 年，国际经济明显分化，内需增长仍面临下行压力。预计 2015 年经济增长率为 7%左右。

国际经济低迷，影响出口增长

第一，各主要经济体经济走势和经济政策进一步分化。美国经济增长趋稳，失业率降至5.6%，受能源成本下降、消费和投资增长企稳等因素支撑，2015年增速可能达到3%。欧盟经济仍在衰退边沿，欧洲央行从3月份每月购入600亿欧元政府和私人债券，德国、西班牙等经济景气有所好转，2015年有望止跌回稳。日本经济低位增长，结构改革难有实质推进，经济增长超过1%的概率较低。新兴市场经济增速将略有回升，但发达经济体的带动效应有限，加之资金外流等，回升势头脆弱。

第二，各国经济运行和政策出现巨大差异，国际资本流动加剧，部分国家资本估值偏高，面临调整，金融市场波动加剧。

第三，受全球需求不振、地缘政治冲突以及美国页岩气和页岩油大规模生产等因素影响，石油价格大幅下滑，带动大宗商品价格整体下行，对资源输出型国家经济有不利影响。

第四，非经济因素。地缘政治冲突、乌克兰危机、埃博拉病毒、伊斯兰极端势力等，冲击全球经济的稳定。

2015年，世界经济在分化中维持总体稳定。综合考虑我国出口结构特点和美元升值因素，我国出口增速有望达到7%左右。

投资是关键因素

2015年，外部需求难有起色。经济运行关键看内需，内需的关键则在投资，特别是房地产投资。综合测算，2015年固定资产投资有望增长14%左右。

2014年，我国固定资产投资中制造业、房地产、基础设施占比分别为33.5%、26%、22.5%，三项都面临下行压力。

第一，制造业投资将小幅降低。钢铁、水泥等重化工业产能整体过剩，房地产调整，汽车生产进入相对低增长期，制造业投资增速仍处下行通道。

考虑加速折旧、设备更新、出口趋稳等短期积极因素，预计 2015 年制造业投资增长 12% 左右。

第二，房地产去库存任务较重。2014 年全国待售住房面积增加近 30%（前三年待售面积平均增加 32%），其中北上广深四市待售面积增速分别是 –10.5%、10.8%、7.3%、20.5%。2015 年房地产投资增速预计在 7% 左右，商品房销售面积和收入增幅预计增长 5%~10%。需求增长放缓的趋势难以扭转。我国城镇户均住房在 2013 年已达到 1 套，供求基本平衡。新执行的信贷政策对住宅销售的增长会有一定的积极作用。预计 2015 年房地产投资增幅降到 7% 左右，比 2014 年降低 5 个百分点。

第三，基础设施投资支撑不足。一方面地方政府融资难度加大，公私合作（PPP）短期难担当大任，另一方面考虑到中央提出的关于“一带一路”“海上丝绸之路”“长江黄金水道”等重大发展战略，若中央财政适当加大支持力度，2015 年基础设施投资增速有望达到 20%~23%，但维持不了过去 10 年 25%~30% 的高速增长态势。

另外，服务业、现代农业投资仍有望保持较快增长。

消费增长稳中趋降，物价压力不明显

2009 年以来，我国消费增速快于 GDP 和城乡居民收入增长，调整的压力正在积累。特别是随着经济减速，收入增长也将放慢，住房、汽车消费带动的增长效应也在减弱，居民消费支出呈稳中趋降态势。考虑信息等新消费形态较快增长，消费短期降幅不会太明显，预计 2015 年消费品零售总额增速为 11% 左右，CPI 涨幅为 1.8%。

综合内外条件，我国 2015 年经济增速将继续下降，但有条件争取 7% 左右的增长。然而，由于国际经济、国内投资市场都存在较大不确定性，也不排除增速低于 7%的可能。

在经济转型的关键时期，要力争增速下台阶的同时质量上台阶；保持宏观政策的连续性和稳定性，防控和化解风险，防止矛盾激化；将深化改革与扩大内需有机结合，把有利于稳增长、促创新的改革举措放在优先位置。总之，要坚持稳中求进、以进促稳，继续实施积极的财政政策和稳健的货币政策，保就业、稳效益、控风险、促创新，推动经济社会平稳、健康、可持续发展。

展望未来 10 年中国经济

预测 2015—2024 年，平均经济增长速度为 6.2%。到 2024 年，人均 GDP 将由目前接近 5 万元上升至 12 万元左右（从 7 500 美元上升至 2.2 万美元左右），与韩国 21 世纪初以及日本 20 世纪 90 年代初的发展水平相当，届时城镇化率将达到 63.5% 左右。

未来中国经济增长的动力结构将不断调整。

（1）消费将扮演越来越重要的角色。未来 10 年，消费率将由目前的 50% 左右上升至 2024 年的 60% 以上，投资率将下滑至 37% 左右。

（2）未来 10 年，服务业占比将由目前的 48% 左右上升至 2024 年的 60% 左右，农业和第二产业的比重将有所下滑。

（3）技术进步将扮演越来越重要的角色。

尽管与过去相比，未来 10 年 TFP 增长率将有所下滑，但 TFP 增长对经济增长的贡献，将由过去平均 30% 左右上升至 2024 年的 40% 左右。

表 2　2015—2024 年中国经济增长与结构展望

	2014	2015	2017	2020	2022	2024
人口（百万）	1 368	1 374	1 384	1 399	1 406	1 410
GDP 人民币（现价，万元）	636 463	706 311	865 715	1 168 343	1 406 018	1 683 778
GDP 增长率（%）	7.4	7.0	6.7	6.3	5.6	5.4
就业增长率（%）	0.4	0.0	–0.1	–0.1	–0.2	–0.3
劳动生产率增长（%）	7.0	7.0	6.9	6.4	5.8	5.7
人均 GDP：现价人民币	46 652	51 531	62 693	83 674	100 134	119 464
2010 年美元	6 027	6 420	7 257	8 675	9 642	10 683
GDP 支出结构：投资率	46.8	45.8	43.3	40.6	38.4	36.6
消费率	50.7	51.7	54.3	57.0	59.2	61.0
产业结构：第一产业	9.1	8.8	8.2	6.9	5.9	4.9
第二产业	42.7	41.7	39.7	37.4	35.9	34.6
第三产业	48.2	49.4	52.1	55.7	58.2	60.6
就业结构：农业	30.2	28.9	26.4	22.5	20.4	18.1
第二产业	30.0	29.8	29.4	29.1	28.7	28.4
服务业	39.9	41.3	44.2	48.3	50.9	53.4

房地产：未来 10 年新开工需求不足 1 亿套

2014 年，我国城镇化率接近 55%，城镇常住人口约 7.5 亿人，约 2.6 亿个家庭（按照户均 2.85 人折算，暂不区分家庭户和集体户）。同年，我国城镇住宅总面积大约为 215 亿平方米（人均住房建筑面积 28.7 平方米），套均面积超过 85 平方米，住房总量超过 2.5 亿套。按照常住人口口径，每户城镇家庭已拥有近 1 套住房。

综合联合国人口署等多家机构的预测，2024 年我国人口将达 14.2 亿。

未来10年，城镇常住人口年均增幅约1 700万人，2024年达9.2亿人、3.38亿城镇家庭（按每家2.7人折算），城镇化率65%。按每户1.05套、套均92平方米推算，大致需要住房3.5亿套，320亿平方米。考虑折旧拆迁等因素，预计需要新建近1.2亿套住房。

2014年施工面积共52亿平方米，在建住宅4 500万套（按套均105平方米、扣除6%不可销售部分）。按此推算，未来10年每年城镇住宅新开工水平不足1 000万套。

房地产业仍然在经济中占有重要地位。1977—2010年，美、日等国房地产行业占GDP的比重从8%~10%上升至13%左右。2013年中国房地产增加值占GDP比重不足6%，与发达国家平均10%的比重还有一定差距。

基础设施：投资空间估计不可过高

这里主要对铁路和公路的里程数和投资水平、邮电通信的实物量和投资水平等进行预测。今后5~10年，基础设施投资将主要集中在城市群的互联互通、转移人口市民化引致的公共服务，以及人口进一步集聚引致的能源、资源和供应链配置与建设需求等方面。2014年中央提出“一带一路”“长江经济带”等重大战略，所涉及区域未来基础设施投资将有较快发展。

1949—2014年，中国铁路里程数从2.18万公里增长到11.2万公里，年均增幅3.1%（其中2008—2013年年均增长5.3%）。2009—2014年高铁总里程从6 600公里快速上升到16 000公里，居世界第一位。

2014年，交通固定资产投资2.5万亿元，其中铁路8 088亿元、公路建设15 256亿元、水运建设1 458亿元。

表 3 未来 10 年中国交通和通信基础设施实物量的预测值

	2010	2014	2024
人口数量（百万人）	1 341	1 368	1 410
人均GDP（2010 美元）		6 027	10 683
铁路营运里程（万公里）	9.12	11.2	14.58
公路营运里程（万公里）	400.82	457.85	516.23
每百人手机拥有量	55.39	66.3	75.13
每百人电话主线拥有量	28.95	36.15	40.11

2004—2013 年，全国和各地基础设施投资的社会回报率从 39%降至 25%，其中东部地区的基础设施社会回报率高于中部地区和西部地区。这表明，全国和各地基础设施投资的可持续性存在较大挑战。

从长期需求看，基础设施投资和资本存量的提升空间是：东部地区的交通、能源和通信水平已接近或部分超过了发达经济体的平均水平。中西部城市化率较低，根据对未来 10 年趋势预测，还有相当大的投资空间，但不可估计过高。从全局看，未来几年主要是续建 2009 年开工的许多重大基建项目，短期内新一轮的基建投资高潮很难形成。

投资导向要从过去的积极主动型向后向诱导式转变。重点是加快构建以地方债和政策性金融体系为核心的新型投融资模式，更多运用PPP等市场化投融资模式，提高基础设施的投资效率和长期可持续性。

汽车需求增速较快

2014 年，国内汽车生产 2 372.29 万辆，销售 2 349.19 万辆，同比分别增长 7.3%和 6.9%，产销增幅较上年回落约 7 个百分点。乘用车和商用车分别销售 1 970.06 万辆和 379.13 万辆，比上年分别增长 9.89%和–6.53%。

与上年相比，价格 10 万元以下车型的比重持续降低，10 万~15 万元及 30 万元以上车型需求比重明显提升，汽车市场价格波动主要体现在乘用车上。

2014 年，民用汽车保有量（不含三轮汽车和低速货车）和千人汽车拥有量分别达到 1.45 亿辆和 106 辆，较上年分别增长 14.2% 和 13.7%。预计 2015 国产新车销量 2 425 万~2 465 万辆，增长 3.4%~5.0%。

根据典型国际经验，中国已进入千人汽车拥有量从 100 辆到 200 辆的中高速增长阶段。未来 5~7 年，千人汽车拥有量增幅将保持 11%~12% 的水平。随着经济增速的逐步下降和人均收入的提高，汽车市场将过渡到饱和期发展阶段。预计到 2024 年，城镇化率将达到 63.5% 左右，我国总汽车保有量为 3.6 亿辆，新车产销规模达到 3 000 万辆，千人拥有 251 辆。

出口：转型升级任重道远

2014 年，剔除对香港特区和台湾地区的出口，实际上延续了 2013 年 3 月以来在波动中逐步回升的趋势，第四季度下跌，原因是美欧进口增长迟缓。

出口结构调整：纺织品、服装、旅行箱包等增速低于上年，彩电、汽车零件、自行车、钢铁的增速高于上年，机械和运输设备在欧美的市场份额出现了重新上升的势头。

根据国际经济形势分析，外需形势将有所改善，但存在不利因素。人民币跟随美元被动升值，将会削弱我国出口的价格竞争力。2015 年，我国出口增速大致与 2014 年持平，在 6% 左右。

2014 年，外商直接投资连续第三年下降，降幅达 12%，加工贸易出口将继续低迷。由于劳动力和土地等成本上升，外资企业布局向中西部转移，中西部合计占比从 2006 年的不足 7% 提高到 16%，东部则从近 90% 降至 81%。

预计未来 10 年，如果能培育新的出口竞争优势，中国出口名义增速将保持在 10%左右。

但我国出口结构转型升级的调整过程还远未结束。2009 年机械产品（电动机械和非电动机械合计）占中国全部货物出口的比重曾达到 44%，表面看和韩国、日本的峰值水平相当（45%和 50%），但由于中国出口的大量机械电子产品主要是以加工贸易方式在国内完成劳动密集型加工环节，增值率并不高。如只算非加工贸易，中国的这一比重只有 26%左右（2011 年）。

按照增加值贸易统计，由于可以有效剔除因多次跨境生产、运输带来的贸易统计重复计算，因而能够更准确地反映某出口部门在价值增值方面的贡献。比如，中国电动机械占出口总值的比重为 25%（2013 年），韩国最高为 30%，日本最高为 23%。而中国电动机械在工业品增加值出口中的比重是 18%（2010 年），韩国和日本最高分别为 29%和 28%。在人均GDP水平快速提高、劳动力成本优势明显减弱的情况下，中国要想保持出口制造业的竞争力，必须不断提升高附加值的技术密集型产业在工业和出口中的比重，这也是提高制造业整体生产率的必由之路。

就业与人口

就业形势：2014 年，经济下行压力较大，普通工人就业数量减少。但因人口年龄结构转变，对就业岗位需求的增长减少，全年新增就业 1 332 万人，比 2013 年多增 12 万人，保持了 2009 年以来就业稳定增长的态势。

大学生求职数量创新高，就业形势稍好于 2013 年。2001 年高校毕业生 103.6 万人，2014 年达 727 万人（含研究生），2015 年预计 749 万人，占城镇新增就业比重从不到 30%到超过 50%（2011 年起），成为最主要的新增就业群体。

据计算，1991年来我国城镇失业率经历了先升后降的过程。2003—2009年，城镇失业率从10.52%降至8.56%，2012—2014年保持在6.3%左右。

随着人口老龄化日趋扩大，农业富余劳动力减少，低成本劳动力的优势减弱。经济增长将更多依靠人力资本质量和技术进步，让创新成为驱动发展新引擎。

农业劳动力：2013年，我国农业就业人数占总就业的31.4%。据北大家庭追踪调查，在乡村人口中，真正纯务农的劳动力仅占15岁以上人口的1.76%，有30.38%的劳动力以务农为主兼打工，另有14.9%的劳动力以非农工作为主兼营农业。日本、韩国和我国台湾地区在相同发展水平时，农业就业比重分别是17.3%、16.4%、12.9%。“十三五”规划期间，农业劳动力的转移仍有潜力。

人口：据中国人口与发展研究中心的人口模型预测，到2020年我国人口总量将达到14.12亿，平均每年增长0.53%，2030年达到14.42亿峰值，2050年约14.0亿。

“十三五”规划期间，劳动年龄人口平均每年将减少0.2%，约200万人；15~59岁劳动年龄人口将从2015年的9.33亿下降到2020年的9.23亿。劳动年龄人口减少幅度将逐年增大，2020年约比上年减少293万人，而2025年约比上年减少707万人。

劳动年龄人口加速减少，有利于缓解整体就业压力，但也带来部分行业劳动力供应不足的问题。2014年起，各地均开始实施单独两孩政策，这有助于提升我国人口生育率和减缓人口老龄化。

据联合国预测，到2020年，主要经济体的人口抚养比（每个15~64岁的劳动人口抚养儿童和老人的比例），日本是 70.2%，法国 61.9%，美国、英国、德国 55%~58%，印度、俄罗斯 48%~49%，巴西、中国、韩国在 42% 左右。未来 10 年，中国的人口抚养比仍处于较低水平。

注：本课题采用一般均衡模型用于模拟经济结构变化，进行长期经济展望。该模型除了考虑供给侧影响因素外，还纳入了需求侧影响因素，将两方面因素综合在一个完整框架之中。将投资增长与需求侧变化建立直接联系，从而综合反映两者对中国经济的影响。

模型选取城镇居民新建住房的增速、城市居民人口增速、出口增速、汽车保有量增速以及人均 GDP 五个指标，分别作为影响投资需求的主要因素，同时利用后发追赶国家（日本、韩国和中国）的面板数据将这些指标与相应投资的增速进行回归，寻找投资变化的定量规律。

充分认识经济调整的积极作用

*

中国经济体制改革研究基金会理事长
樊纲

中国经济的基本问题，现在是产能过剩、通货紧缩、债务问题等，这些问题是经济低迷时期的典型情况。低迷是因为前面发生了过热，我们现在正在进入一个低迷时期，这是一个调整的过程。

十年两次过热给我们带来哪些教训？

第一，谨防过热。现在我们这些问题，都是前几年两次过热的后遗症，2004—2007 年为了应对世界金融危机，我们刺激了经济，2009—2010 年又一轮过热，这两次过热叠加在一起，程度比 20 世纪 90 年代初还严重。20 世纪 90 年代初过热之后，我们进行了调整，当时也是产能过剩、通货紧缩、企业倒闭，历经 8 年，一直到 2002 年才调整完毕。

像 14%的那种高增长，一定会产生经济过热，包括我们现在很多的问题，不是正常增长的结果，是过去那种 10%以上的过热增长导致的后遗症。世界上各种研究小组算来算去，认为我们中国的正常增长是 7%~9%，有一个 10 年是 8%~9%，有一个 10 年是 7%~8%，我们现在是 7%左右。我们不能把过去那种高增长当作常态，说现在不到 14%了，比 14%低，因此叫中低速增长，不是那回事。

第二，宏观政策是有时效性的。宏观政策的基本作用是逆周期调节。经济过热的时候，要采取抑制的政策，经济偏冷的时候，要采取稳定、托住的政策。由于经济波动是不断变化的，因此要及时地调整政策。

我们这次的教训，是 2009 年、2010 年产生了过热。2009 年我们采取了世界上最大的刺激政策，后来 2010 年 4 月，以住房限购为标志，我们采取了一系列的紧缩性政策，这是对的，当时准备金率提高到 20%，利率提高到 3%，但是四五年过去了，过热消退，处在相对过冷、通货紧缩的情况下，继续实行这些政策就过时了，应该及时退出这些紧缩政策。现在的教训是，退出慢了一点，导致我们现在经济过冷。按照正常的情况，连续 44 个月 PPI 同比下降，说明我们现在的经济增长速度是低于潜在增长速度的。

第三，政府政策是要起作用的。紧急情况下，动用一些行政手段是必要的。经济过冷，政府该做的事情，就要理直气壮去做，而且要努力做到位，过冷的时候，当其他经济主体面对产能过剩都不投资的时候，不必羞羞答答地觉得政府投资不好。企业不投资，房地产商不投资，政府投资就应该多一点，以补充需求不足。

政府现在的问题，有点羞羞答答，因为大家都在批评，说政府不该投资。但是另一方面最近确实有一个问题，就是政府不作为，自己的钱不花了，自己的项目不投了，政府储蓄大幅度增长。2012—2014年，政府新增储蓄相当于GDP的3%~4%，这些都应该花出去，怎么说0.3%、0.4%的GDP增长总应该是有的吧。

经济低迷期的调整有五大作用

第一个作用，优胜劣汰正在发生。经济过热的时候没人被淘汰，谁都有饭吃，现在大量的过剩产能和过剩企业都是在那个时候建立起来的。到了现在是开始真正进行各个产业的整合了，过去一些效率比较低下的企业要被淘汰。我们有很多的机制，现在的问题是有些机制抵制这种淘汰，特别是一些国有企业，包括一些地方的企业，为了GDP，扶持了一些国有企业，包括一些民营企业，对它们给予补贴等等。应该积极地促进淘汰，政府的作用是托底，社会政策托底，使产业优化的进程能够尽快发生。

第二个作用，在低迷时期大家终于对提高效率，提升产品的质量有了更多的重视。经济过热的时候鱼目混杂、泥沙俱下，现在大家都认识到了，因为价格下降了，企业不景气，所以要更加关注成本，关注效率。

我记得2001年、2002年的时候，上一轮的调整到了尾声，当时发生了一个重要的现象，通货还在紧缩，价格还在下降，但是企业的利润开始增长，因为利润增长，企业的投资开始增长。那时我专门写过一篇文章《有效降价》，那个降价是因为成本下降，不等于利润不增长，不等于效率不提高，不等于投资会下降，这就是调整的结果。

第三个作用，让大家越来越意识到专业化的作用。以前过热的时候，听到的声音都是“多元化”，干这个，干那个，什么都能挣钱。现在要提高效率了，提高质量了，大家发现还得走专业化的道路。最近这些年经济过热的时候，一些企业就东张西望，天天想着转型，想着哪有投资机会，没有专注而专业地做自己的事情，而过去几年一直专注专业做好自己的产品、扩大市场的企业，现在订单反倒增加了。

第四个作用，让结构真正调整。14%的增长速度的那种结构，包括后来2010年的时候10%以上的结构，一定是投资过多。现在过热过去，一些新的产业在增长，人们的需求结构也在逐步发生变化，加上收入水平也到了一定的程度。今年服务业第一次超过GDP的50%，消费品的增长仍然比较正常，与消费相关的各种产业现在恢复得都比较快。老有人说现在不可能有过去那么多需求了，是不可能有了，那是不可能有支撑14%的需求了，我们现在支撑7%~8%的需求还是完全能够实现的，今后几年也仍然有保证。

第五个作用，不景气的时候，大家创新意识反倒比较强。创新热潮一大部分也是改革，改革政府和市场的关系，注册制、自贸区等等，现在企业、个人都更多地想创新了。

低迷时期反倒可能是创新增长的过程，这种创新加上我们的体制改革，包括前面说的优胜劣汰、提高效率、专业化、创新，就能为下一轮的经济打下好的基础。从长期来看，如果我们的潜力能够充分发挥，中国经济再有十年二十年，甚至是三十年正常的高增长（现在是7%左右，以后是6%，再往后是5%），仍然是可能的，我们应该保有充分的信心。

新常态：攀登效率高地

*

中国发展研究基金会副理事长
刘世锦

近年来，决策层以“新常态”概括中国经济所处的新阶段，并获得广泛共识。习近平总书记在河南视察时提出要关注中国经济发展的新常态，此后在亚太经合组织工商领导人峰会和中央经济工作会议上，从不同角度对新常态进行了系统阐述。实际经济运行则展现了新常态的诸多特征。经济增长延续回落态势，但增长态势总体平稳。就业状况较好，大学生就业难等结构性问题趋缓；企业效益和财政收入有所下滑，尚属稳定；居民收入增长与经济增长大体同步，农村居民收入增长更快一些；雾霾天气的“浓度”和广度使人们更加切身感受到环境压力的挑战，而单位产出的能耗和碳排放水平大幅下降；金融财政风险较多显露，但仍守住了不发生全局性、系统性风险的底线。更重要的是，中国的经济结构正在经历着堪称历史性的重要转折。消费超过投资，服务业超过工业，经济增长更多地依靠内需、依靠要素生产率的提升，这些讲了许多年的转型变化已经和正在发生。由旧常态转到新常态，所面临的问题、矛盾、挑战多于其他时期是必然和正常的。从国际经验看，许多经济体正是在这个时期出了大的问题，甚至陷入危机。中国经济在过去一年能够稳住阵脚、守住底线，且结构转型取得实质性进展，不论从中国自身说，还是从国际比较说，均属不易。

然而，如果说中国经济增长阶段转换或经济转型在前几年只是走过了上半程，则近期正在进入下半程，甚至很可能面临更困难的局面、更严峻的挑战。在正确认识的基础上，主动适应并引领经济发展新常态，是转型下半程的中心任务。成功实现中国经济转型，进入新的发展平台，全面持续地提高要素生产率是关键所在。

有关新常态的三个理论议题

一是“已有技术约束下的长期有效需求边界”。近几年我们在对国际工业化历史经验的研究中，观察到一种一致性很强的现象：“二战”后一批成功追赶型的经济体，典型的是日本、韩国、中国台湾地区等，在经历了二三十年的高速增长后，在人均GDP达到11 000国际元（购买力平价指标，1990年价格）左右时，无一例外地出现了增长速度回落，由高速增长转到中速增长。由于这是一种经验性研究，开始时我们并不能肯定它具有规律性。随着研究的深入，其中的逻辑结构也更加清晰地展现出来。与增长速度回落相对应的，是工业和投资比重峰值的出现。从需求侧观察，作为终端产品的基础设施、房地产，以及与此相关联的钢铁、煤炭、建材、化工等重化工业产品，也都出现了历史需求峰值。需求通常被看成短期问题，但这里的需求峰值，是以迄今为止的工业化、城市化历史进程为时间变量来观察和判定的。为什么在这个时点上出现需求峰值？实质上是由人类社会已有的技术水平决定的。举例说，现代化的楼宇建设需要钢材、水泥和其他建材，如果人类发明了效能更高、成本更低的建筑材料和技术，构成住房需求峰值的就可能不是人均住宅面积 30 多平方米，而可能是 60 多平方米以至更多。但在技术边界未变之前，在充分动员资源的前提下，人们按照需求偏好，能够分配给居住的资源只能是目前达到的水平，也就是“已有技术约束下的长期有效需求边界”。住宅需求峰值出现后，相关的工业和投资比重的峰值也会合乎逻辑地出现。当然，技术是供给侧的要素之一，在此意义上也可以说，长期有效需求边界是由供给决定的。

近年来供给侧发生的一个重要变化，是“刘易斯拐点”的出现。尽管在此问题上存有争议，但农业向非农产业转移人口的下降，工资水平的快速上升等证据，均对“刘易斯拐点”的出现提供了支持。同时出现的另一个重要变化是，从 2012 年开始，中国 15~59 岁劳动人口的数量开始下降。再加上长期有效需求边界的出现，使几个拐点性变量不期而遇。它们之间存在何种逻辑关联，如何导致了增长阶段转换？显然，都是些非常有趣的问题。

对这些问题的解释，将有助于回答近期争议颇多的后起经济体的追赶路径问题。无疑，中国作为后起国家，与发达经济体的标杆国家如美国相比，还有较大差距。不论是购买力平价指标，还是现价美元指标，都可以人均收入水平对这种差距加以度量，但有差距与是否保持高速是两个不同问题。后起国家的追赶进程将会经历若干不同的增长阶段，背后是发展环境与增长动力等基本面因素的改变。历史经验和理论逻辑都不能证实，有差距就可以保持高速增长的观点，把二者简单等同显然忽略了另外一些影响发展进程的关键变量。

二是“转型再平衡”。需求峰值与增长速度峰值相对应，当达到需求峰值时点后，增长的减速过程也就开始了。随着现代市场经济中专业化分工的深入，基础设施、房地产、耐用和易耗消费品等“终端产品”的生产链条加长了。技术含量越高的终端产品，其背后的中间投入品链条通常越长，终端产品和中间投入品之间的关系日趋复杂。当终端产品特别是基础设施、房地产等投资品进入快速增长期后，中间投入品会形成自我循环过程，即所谓的投资“加速效应”。而进入减速过程后，是否会出现方向相反的“加速效应”，值得关注。其次，在“后峰值”增长率与成熟经济体稳定增长率（这种增长基本上是以新换旧的替代性增长）之间，将会有一个过渡带，减速后的第一个“底”或均衡点会落在何处，需要观察分析。还有，当中间投入品的增速放缓，企业间的竞争更趋激烈，部分竞争力差的企业将会以关闭、被收购等方式出局。如果说高速增长期比的是企业的扩展能力，进入减速期后则比的是企业的生存能力，特别是企业盈亏平衡点与行业平均水平的距离。其结果，行业内企业数量减少，集中度提高，得以生存企业的市场份额增大，规模经济或专业化优势得以提升。

这样，我们可以提出“转型再平衡”的概念，指由过去高速增长时的平衡转到中高速或中速增长时的平衡。这一平衡的达成将取决于以下三个因素：第一，在需求侧，原有终端产品减速“触底”，也就是到达一个新的稳定且可持续的增长平台上；第二，新的增长动力形成，主要是新的终端产品形成并扩展，这也属于需求侧的变化；第三，在供给侧，适应终端产品的减速增长，中间投入品行业完成相应调整。在此过程中，一种可能是新终端产品的增长可以弥补原有终端产品减速留下的缺口而有余。以往曾经出现的新“三大件”取代老“三大件”，住房取代家用电器等，就属这种情况。然而，这次调整中已经难以找到替代住房、基础设施等的新终端产品了，这正是高速增长回落的原因所在。当需求侧的终端产品总体上得以稳定，供给侧的中间投入品也完成相应的减速调整，新的供求平衡将得以达成。

三是“转型期的宏观政策组合”。增长阶段的转换是一个过程，有的国家历时较短，有的国家则表现为较长时间内的反复。能否实现较为平稳的转换，对宏观调控的战略和策略均为大的考验。把短期问题和中长期问题既区分开来又结合起来，至为重要。从高速增长平台转到中速或中高速增长的平台是规律使然，但实现平稳转换又要求在此过程中防止人为拉高和过快下滑两种倾向。为实现短期平衡，灵活的货币政策是必要的，除了保障必要的流动性外，货币政策也有起到改善预期的作用。而对稳定终端需求、防止过快下滑，财政政策则更为直接和有效。货币政策侧重短期问题，财政政策侧重中长期问题，可能是一种较好的搭配。

近期有关中国经济是否陷入通缩的议论较多。表面看，有的月份CPI已经低于1%，PPI则经历了30多个月的负增长，似有通缩之象，但与成熟经济体由于流动性不足而出现的通缩相比，则大不相同。中国目前所出现的价格低迷，是过去30多年高速增长，特别是过去10多年重化工业高速增长所形成的庞大生产能力，与减缓了的终端需求相比而出现的严重过剩所导致的。在这些行业经由洗牌实现相对收缩，进而达到减速期供求平衡以前，价格和企业盈利能力都难恢复到可持续的水平。这个时候仅仅增大货币供给，而不力推严重过剩产能的退出，很可能陷入“水多加面、面多加水”的循环，延缓必不可少的结构调整，加大企业债务违约风险，且推迟优秀企业盈利能力的恢复。

要素生产率在中国经济增长中的贡献及其变化

生产率水平是经济发展质量的核心所在。中国以往 30 多年的高速经济追赶，要素投入持续增加是首要推动因素，生产率提升也发挥了十分重要的作用。哈佛大学帕金斯教授等的研究认为，1978—2005 年中国生产率年增长率达到 3.8%，对经济增长的贡献份额高达 40%。国务院发展研究中心课题组的最新测算表明，1978—2013 年我国生产率年均增长达到 3.6%，对经济增长的贡献份额达到 37%。

中国以往 30 多年生产率快速提升的主要原因，包括通过深化改革和对外开放，释放技术上的后发优势，实现快速技术追赶；要素从低生产率的农业部门向高生产率的非农业部门的流动，等等。美国布鲁金斯学会博斯沃斯等的一项研究发现，1978—2004 年，中国劳动力再配置对生产率增长的年均贡献在 1 个百分点以上，占生产率提升总水平的 30% 左右。我们的研究也发现，过去 30 多年 1/5 的劳动生产率增长来自结构变化，主要是农业劳动力向非农产业的转移，这种结构变化对整体劳动生产率的增长年均贡献 1.6 个百分点。

虽然过去 30 多年高速增长期中，中国生产率提升速度较快，但不少研究发现，近些年来生产率增速有所下降。比如，我们的研究表明，金融危机以来中国的生产率年均增速比之前 30 年平均水平下降了 1 个百分点以上，而且近两年出现了降幅加大的迹象。

对此可从以下几个方面加以分析。

首先，近年来生产率增速下滑，是进入新常态的规律性现象，很大程度上与国际上成功追赶型经济体增长规律相吻合。成功追赶型经济体的经验表明，随着发展阶段的提升，技术水平逐步接近发达国家，追赶型经济体的生产率提升速度将规律性地放缓。特别是接近高收入门槛、由高速增长向中速增长转换的时期，这一规律性表现得更加明显。这一规律背后的深层原因是，随着发展阶段的提升，发展中国家技术上的后发优势、要素从低生产率部门向高生产率部门转移的空间都逐步缩小，技术追赶和要素转移的步伐相应放慢。

对比其他成功追赶经济体的历史经验可以发现，近几年我国生产率提升速度趋缓，符合经济追赶的一般规律，是经济由快速追赶状态迈向成熟状态的前奏。为说明这一点，我们选用目前国际上公认程度高、跨国和跨时可比性较好的“宾州大学世界表8.0”数据集。经过比较分析发现:（1）美国等处于技术前沿的发达国家，生产率增长相对比较稳定，一直保持在1%左右。（2）人均GDP达到11 000国际元左右的发展阶段上，日韩等后发追赶国家生产率都出现由较高增速向较低增速转变。日本在1960—1973年高速增长阶段的生产率年均增长率达到5.58%，而随后则开始大幅下滑，1973—1980年生产率甚至出现负增长；韩国在1980—1990年高速增长阶段的生产率增速接近3%，之后回落至1%以下。（3）我国生产率增长，与日韩等成功追赶型经济体表现出相同趋势。1980—2007年，年均增速超过3%，2007—2011年下滑至1.6%左右。

其次，我国近几年的生产率增速放缓，除后发追赶的规律性因素之外，也有另外一些规律性因素和我国自身的特殊因素。例如，经济下行时期通常生产率增速较低，具有顺周期特点；应对金融危机而实施的大力度投资刺激政策，一定程度上加剧了部分领域的产能过剩。

再次，我国近年来生产率增速放缓与拉美国家的情形有着根本区别。从发展阶段来看，拉美国家落入“中等收入陷阱”明显早于我国目前所处的发展阶段。拉美国家大多在 20 世纪 80 年代陷入债务危机，经济社会发展长期停滞，生产率增速大幅下滑，落入了“中等收入陷阱”。那时，这些国家人均GDP仅达到 4 000 国际元左右。而目前我国的人均GDP已经达到 11 000 国际元左右，超越了拉美国家落入“中等收入陷阱”时所处的阶段。我国目前生产率增速下降，与日韩增长阶段转换时表现出的阶段性特征相类似。而且，拉美国家落入“中等收入陷阱”的原因与我国目前生产率增速下降的原因大相径庭。长期僵化地实施进口替代发展战略是拉美国家落入“中等收入陷阱”的重要原因，这一战略降低了国内产业的创新动力，加之拉美国家国内市场空间狭小，受保护的产业难以形成规模经济，工业化进程难以推进，大量劳动人口长期滞留在传统经济部门，无法分享发展成果，从而引发了一系列严重的社会矛盾。另外，进口替代战略还导致拉美国家大量对外举债，同时国内企业效益偏低，政府财政收入匮乏，最终诱发了债务危机，落入“中等收入陷阱”。与拉美国家不同的是，我国的工业化已趋于完成，生产率增速放缓主要源于结构变化潜力的规律性相对收缩。因此，不能简单地依据拉美国家落入中等收入陷阱时的生产率表现，推断我国经济未来的发展态势。

进一步提升要素生产率：三种增长类型

对后发经济体而言，可以识别出三种增长类型：

一是“初次扩张型”（Primary Expansion）增长（简称P型增长），指后发经济体利用已有的某种技术，将生产活动扩展到新的领域，属于已有技术的平面扩张。这主要是指利用现代技术发展以前未曾有过的工业、服务业，但在传统的农业领域也有类似的扩展活动。

二是“追赶标杆型”（After Benchmarking）增长（简称A型增长），指在已经采用某种技术的领域或行业，相对落后的企业缩小与领先企业差距的活动。这里有两个重要概念：一个是“平均水平”，处在平均水平或之上的企业，持续生存和发展前景才较为明朗；另一个是“最佳实践”，也就是处在行业领先位置上的标杆企业所达到的状态，其他企业将努力缩短与最佳实践的距离，并驾齐驱抑或实现超越。

三是“前沿拓展型”（Frontier Expansion）增长（简称F型增长），指“原始创新”或“源头创新”，产生人类社会未曾有过的新技术，从而向前拓展已有的增长可能性边界。

促成后发经济体高速增长的主要是“初次扩张型”增长，越是后发，高速增长的空间越大，因为有更多的已有技术可被利用。中国过去30多年的高速增长亦是如此。在较近的一个时期，“追赶标杆型”增长有所增多，以及些许“前沿拓展型”增长。随着中国高速增长转向中高速乃至此后的中速增长，P型增长明显收缩，重点将转向A型增长，F型增长也会增加，但有较大不确定性，尚难担当主角。通常所说的提高要素生产率，主要体现在A型和P型增长；而创新，在A型增长中主要是集成创新、引进吸收消化再创新等；从零到一的原始创新、源头创新等，则体现在F型增长之中。

中国进入新常态后的增长新动力，较近一个时期重点在A型增长，较长一个时期F型增长的比重将上升。

在A型增长框架下，要素生产率有多种提高方式。

第一，通过放宽准入，纠正由于体制原因而导致的行业间要素生产率差异。根据我们的研究，目前中国行业之间要素配置依然严重扭曲，通过放宽准入，进一步推动行业间的要素流动，将会显著提高要素生产率水平。重点是带有行政性垄断特点的基础产业，如石油、铁路、电信等领域的改革，通过“放大”，即允许行业外大的投资者进入，加强竞争，形成“鲶鱼效应”。

第二，在前述的行业减速过程中，通过关闭、重组等方式，挤出低效率企业，提高行业的整体效率水平。

第三，在原有技术架构之下，通过改进设备、技术、工艺和管理方法，包括所谓的“机器换人”，降低成本，提升质量和效益，缩小与“最佳实践”的差距。

F型增长在中国已经展现令人鼓舞的前景，这主要体现在互联网对实体经济的深度融合和改造上。近年来，网上购物的火爆程度，大大超出了人们的预想，中国在这个领域已经成长起来一批站在前沿的创新型企业，但这仅仅是序幕，重头戏很可能出现在互联网对生产过程的改造，即产业互联网的发展上。互联网对实体经济的改造与严重过剩行业的洗牌过程不期而遇，将催生出大量新的生产流程、业态和商业模式，使中国这一轮产业重组与历史上曾经出现过的类似故事大不相同。另一个特点是，中国作为世界上最大的市场，为“互联网+”的创新提供了独一无二的试验、推广环境。互联网与实体经济融合和改造、严重过剩行业洗牌、最大的市场规模，这三重因素叠加，将会大大提高中国“互联网+”创新的成功机会。

绿色发展也是F型增长的另一个重要战场。发展目标转型和激励机制建设是其中的要点，也就是说，要使“绿水青山”能够有效地变为“金山银山”。绿色发展的诸多成果，如目标设定，资产重新定价，相关的技术、工艺流程、管理方法、商业模式等，都将拓宽人类经济社会发展的边界，并且使创新活动直接伸展到生态资源丰富的欠发达地区。

“缓冲性”宏观政策与“效率导向”改革措施的协同配合

中国经济仍处在高速增长向中高速增长的转换过程之中，在中高速增长的“底”或者说均衡点触到之前，下行压力始终存在。在经济转型的上半程，主要遇到的是认识问题，相当多的人对增长阶段转换缺乏理解，或者将其看成是短期回调，“熬一熬”仍会重归高增长轨道；或者以为用行政手段能够避免调整，并未认真考虑尊重并顺应客观规律。进入下半程后，短期内下滑过快的可能性加大。一旦意识到增速放缓难以避免，很容易反过来形成过度悲观预期，加上重化工业减速过程中的自我循环特点，以及部分政府官员“乱作为”得到抑制的同时，出现的“不作为”，使增速“快落”的风险增大。

进入下半程面临的主要挑战，是如何在避免增速“快落”的同时，实现平稳触底，并转入稳定且可持续的新增长平台。从前面讨论过的减速再平衡过程看，增速触底的一个关键变量是高投资触底。以往中国经济的高增长主要依托于高投资，而基础设施、房地产和制造业投资可以解释85%左右的总投资变动，其中的制造业投资又直接依赖于基础设施和房地产投资以及出口增长。所以，投资增速触底，可通俗地描述为基础设施、房地产和出口三只“靴子”落地。目前，基础设施投资和出口两只“靴子”已相继落地，房地产投资也开始回落。当房地产投资回落到位，加上新增长点的成长，以及严重过剩行业的退出和重组大体完成，中国经济增速有望成功触底。这时的一个显著标志，很可能是产业严重过剩行业价格，主要是PPI指标开始回升，结束所谓的“通缩”状态，相关企业逐步达到正常的盈利水平。

在此背景下，政策应致力于“稳”“退”“进”。“稳”主要是稳住基础设施、房地产等已有终端需求的大头；“退”是指严重过剩行业的低效企业的退出和重组；“进”则是P型增长中尚有初次扩张空间的新行业，如部分生产性服务业的发展，A型增长中提升要素生产率活动，以及F型增长中的创新。

在增速短期过快下滑的压力下，宏观政策应当是“缓冲性”的。不论货币政策还是财政政策，一方面可通过政策工具扩大需求，防止短期内“快落”，另一方面这种宽松又必须是谨慎、节制的。如果宽松超过一定限度，将会推迟应有的调整，延续并加大潜在风险。“度”的把握是关键所在，要提供一个缓冲带，但又要顺应潮流，中长期的结构调整和短期平衡均在其中。高质量的宏观调控将为结构转型提供一个好的环境，不能也不应承担直接推动结构转型的职责，而这正是深化改革所要解决的问题，也是宏观调控与深化改革协同配合的涵义所在。

这一时期的改革应当坚持效率导向，为全面持续提升要素生产率扫除体制、机制障碍，理顺相关重要关系。由此着眼，一批改革应当摆上优先位置。

第一，重建和完善政策性金融体系。中国的基础设施等公共产品提供还有一定空间，但有较好现金流的项目不多了。地方政府债务置换是必要的一步，在此基础上，应重建和完善以中长期融资为重点的政策性金融机构和工具。前提是清理、规范已有的地方融资平台，形成有约束、可监督、可持续的新机制。在土地收入明显减少的情况下，不动产税的推开也应加快。

第二，在金融领域打破刚性兑付，在严重过剩产业、行业加快低效产能退出和转产。经济转型进入下半程后，房地产、地方融资平台、影子银行和严重产能过剩行业中累积风险集中显露的可能性增加。在大的风险可控的前提下，要打破刚性兑付预期，将风险释放于局部，一直捂住不让出小事，最后就可能出大事。与此相适应，在严重过剩行业，重点是钢铁、铁矿石、煤炭、石油、建材等行业，采用“减产配额加退出基金”等方式，促使低效产能较快而平稳地退出或转产。这是加快增长动力和机制转换，实现“转型再平衡”的重要条件，也是中国特色社会主义市场经济体制走向成熟必过的一关。

第三，基础产业领域切实“放大”。能源、铁路、电信等基础产业领域仍有一定投资潜力，是下一步稳投资、稳增长的重点。可以寻找一些改革的突破口，比如以在上海自贸区建设国际石油交易中心为契机，打通国内外石油市场，放开贸易和投资；拿出部分商业潜力大的铁路项目，以现代公司制度的投融资和运营方式吸引外部投资者；电信领域引入以民营资本为主的新基础运营商等。这类改革的一个特点是“边际竞争”，在增加投资的同时，提高整个行业包括国有资本的运营效率。近期通过合并以增加国企竞争力的做法值得斟酌。为了避免所谓的海外“无序竞争”，通过划分海外市场、集中招标等方式即可解决。必须明确行政性垄断与市场性垄断的区别，不增强市场竞争，人为地通过合并把企业“做大”，很可能导致降低而非提高国企国资竞争力的结果。

第四，加快城乡之间土地等资源的流动和优化配置。市场经济的要义是通过资源流动实现优化配置，这一原则对土地资源并不例外。毋容置疑，保护稀缺的耕地资源、重视城市规划尤其保护农民利益都非常重要，但这并非由计划者的主观认定，而必须受到市场信号的制约和检验。随着中国经济进入新常态，工业和城市扩展而占用土地的压力减缓，而城市资源下乡的动力明显增强。应顺应城乡融合发展的新特点，以提高土地资源的配置和利用效率为重点，加快土地制度改革试点，给地方和基层在体制、机制创新上较大的空间。同时，通过土地确权和合理流动，使农民在土地资源上的权益恢复到应有水平，真正把最广大农民的利益界定好、保护好、发展好。

第五，由“强政府”转变为“巧政府”。进一步理顺政府和市场之间的关系，重点是推出和实施三个“清单”。在试点的基础上，加快扩大“负面清单”的实施范围。“权力清单”与“责任清单”相对应，在改变“乱作为”的同时，也要纠正“不作为”，还要在新常态下“会作为”。随着经济结构和增长动力的转换，政府机构以往行之有效的一些工作方式可能不大“管用”，需要相应转换，比如，用过去搞基础设施和传统产业的办法推动创新和产业升级，效果将大打折扣，甚至适得其反。可以考虑不再搞设定具体目标和技术路线的产业政策，代之以发布“战略性前瞻性预期信息”，扩大企业决策的选择空间。政府对产业发展的干预主要限于环境、节能、安全、标准等社会性监管，并将监管中的合规性作为一种政府信用加以管理。

第六，使绿色发展可操作。绿色发展是对发展方式从目标到体制、机制的伟大变革，其重要性已渐成共识。当务之急是使理念转为政策，使政策能够落地。例如，测算生态资本，使之成为社会总资本的组成部分；使绿色发展收益可度量、可货币化、可市场化，并成为政府发展目标考核体系的重要内容；完善生态补偿机制，使绿色发展获得与其他经济社会活动相同或相似的激励效应；大力发展多样化的绿色金融工具，如绿色产业基金、绿色债券、绿色银行等，为绿色发展提供有效而可持续的资金支持。

有一些观点认为，中国仍具有高增长潜力，只因体制、机制原因得不到发挥，如果改革到位，中国将重返高增长轨道。这种看法除了对增长阶段理解有误外，对改革与增长关系的认识也不准确。有些改革，如基础产业领域放宽准入，确实能够带来新的投资，直接带动经济增长；有些改革，如落实八项规定、反腐败，地方融资机制的改革等，将会减少浪费性消费、低效和无效投资等，对短期增长有可能产生负面影响。但这些改革有一个共性，即提升效率，对长期增长是有利的，将会带来实实在在、没有水分、高效率且体现公平正义的发展。因此，“效率导向”应当成为判定真改革还是假改革，改革是否到位的重要尺度，成为经济转型关键期改革的基本要求。

人本理念引领中国第三次大转型

*

国务院发展研究中心资源与环境政策研究所副所长
李佐军

历史常常在改革和调整中前行，一方面需要进行制度或体制改革，另一方面需要进行发展模式或经济社会结构调整。转型就是改革制度或体制、调整模式或结构的综合体现。

第三次大转型的背景与特色

不同的转型有不同的特点和规律，历史上的几次大转型没有什么共同的特点及规律可循，但历史上的每一次大转型都有与其自身所处经济环境与发展阶段相匹配的特点和规律，古今中外，概莫能外。

新中国成立后我国大致经历了三次大的改革和调整，即三次大的转型：第一次是新中国成立初期推进社会主义改造，主要表现为社会根本制度的转变；第二次是 1978 年以来推进改革开放，主要表现为从计划经济体制到市场经济体制的转轨；第三次是“十二五”规划开始系统推进经济发展方式转变或发展模式转型，以及党的十八届三中全会开始启动经济、政治、文化、社会、生态和党的建设“六位一体”的全面改革。

第三次大转型与前两次大转型有所不同：一是转型面临的内外环境不同。从国际环境看，2008 年国际经济危机后全球转型如火如荼地进行，随着经济总量的增长和国际地位的提高，中国面临的外部环境日趋复杂；从国内环境来看，随着经济增长由高速增长阶段向中高速增长阶段转换，各种经济社会矛盾开始显现。二是转型的内容不同。这次转型不仅有体制或制度转型，还有发展模式转型；不仅有经济体制改革，还有一系列非经济方面制度的改革。三是转型的方式不同。这次转型将更多地表现为人本转型、全面转型、协调转型、创新转型、可持续转型等。

经过 30 多年的持续高速增长后，我国开始进入一个新的发展阶段，第三次大转型面临新的国内环境：一则我国开始步入“中高速增长阶段”。经济增长速度从过去 30 多年的年均 10% 左右逐步转入年均增长 6%~8%。二则进入“中等收入陷阱”敏感时段。根据国际经验，当人均收入超过 4 000 美元后即进入这一阶段，而我国正好开始迈入此敏感时段，若不能适时推进改革和转型、培育新增长点，就有可能陷入其中。三则已经进入“高成本时代”。土地成本、原材料成本、能源成本、劳动力成本、资金成本、知识产权成本等都越来越高，使得我国原有低成本竞争优势不再明显。四则工业化进入中后期阶段。重化工业虽还在发展，但重化工业阶段开始进入以提高质量为主的下半场。五则城市化开始步入加速阶段的后半场。根据国际经验，城市化水平达到 30%~70% 时，属于加速阶段，2012 年我国城市化水平达到

52.6%，开始进入以提高质量为主的城市化加速阶段的下半场。与此同时，国内出现的消费比重低、房价高、债务过多、产能过剩、金融风险、政府公信力下降、信仰缺失、贫富差距拉大、环境污染等问题，也对转型提出了日益迫切的要求。

人本改革：对改革进行创新

转型与改革既有区别，也有联系。

转型包括改革，制度转型也可表述为制度改革。但转型不限于改革，还包括发展模式的转变等。制度转型与其他转型并不是平行关系，而是其他转型的原动力，是最好的经济增长新动力，是最大的红利。因此，抓住改革或制度转型就抓住了第三次大转型的“牛鼻子”。

党的十八大后，中国新领导班子根据国内外新形势，继续高擎改革大旗，吹响了新一轮改革的号角。习近平总书记在深圳视察时指出，“现在我国改革已经进入攻坚期和深水区，我们必须以更大的政治勇气和智慧，不失时机深化重要领域改革。”[①]李克强总理在全国综合配套改革试点工作座谈会指出：“改革还是最大的红利！”[②]由于新一轮改革具有与过去改革不同的特点，预示着中国改革进入新阶段，十八届三中全会更是启动了新一轮全面改革。

1978 年来，中国改革可分为三个阶段：第一阶段（1978—1993 年），以增量改革为主的阶段，主要推进农村改革、发展非国有经济、推进沿海对外

① 人民网–人民日报海外版，《习近平在广东考察时强调：改革不停顿　开放不止步》，2012 年 12 月 12 日。

② 中国网，《李克强强调改革是中国最大的红利》，2012 年 11 月 22 日。

开放等；第二阶段（1994—2012年），以经济改革为主的阶段，主要推进国有企业改革、价格改革、财政改革、金融改革、外汇改革、全面对外开放等，虽也有一些非经济改革，但多为经济改革配套；第三阶段（2013年及以后），开始进入全面改革阶段，按照党的十八大和十八届三中全会的要求，今后要全面推进经济、政治、文化、社会、生态、党的建设"六位一体"的"深水区"改革。

人本改革的理念

改革是对制度或体制、机制的创新，改革本身也要与时俱进，也要根据新形势进行创新。改革理念、创新核心是以人为本，改革要满足绝大多数人的需要，要依靠绝大多数人推进改革，因此要探索人本改革理论，推进人本改革，发展人本市场经济，走向中国特色人本社会主义。

人本改革理论可以从笔者提出和倡导的人本发展理论延伸出来[①]。人本发展理论以人为纽带，构建了一个包括满足人、依靠人、（制度）引导人、（资源）装备人和（分工）安置人在内的五人模型。其中，满足人是目的，依靠人是纽带或主体，（制度）引导人、（资源）装备人和（分工）安置人是影响因素或手段。

借鉴人本发展理论框架，人本改革理论也可包括如下五个方面内容：一是改革的目标——满足人；二是改革的主体——依靠人；三是改革的对象——（制度）引导人；四是改革的手段——（资源）装备人；五是改革的支撑——（分工）安置人。

其中，满足人是指通过改革满足人的物质需求、精神需求、成长需求和

① 李佐军，《人本发展理论——解释经济社会发展的新思路》，中国发展出版社2008年版。

权利需求等多种需求；依靠人是指依靠民众来推进改革；（制度）引导人是指通过改革形成能激励人积极性和创造性，同时能约束人机会主义行为的文化制度、法律制度、组织制度（含市场组织、企业组织和政府组织）和管理制度；（资源）装备人是指利用自然资源、资本资源、知识资源和人力资源等为改革提供条件和手段，同时通过改革促进资源优化配置和资源升级；（分工）安置人是指利用市场分工（如商品化）、产业分工（如工业化）、区域分工（如城市化）、国际分工（如国际化）等为改革提供效率和发展支撑，同时通过改革促进分工深化，使每个人各得其所。

制度转型与其他转型并不是平行关系，而是其他转型的原动力，是最好的经济增长新动力，是最大的红利。因此，抓住改革或制度转型就抓住了第三次大转型的“牛鼻子”。

根据笔者提出的人本发展理论分析框架，树立人本改革观关键要抓住满足人、依靠人和引导人三个方面。满足人是指改革不能为改革而改革，要从满足人的各种需要出发。推进改革，用人民需求的满足程度来检验改革成效。依靠人是指改革不能只成为少数领导者或少数精英的事业，而要成为绝大多数国民的共同事业，充分依靠全体国民来推进改革。引导人是指改革的主要对象——制度，要成为激励人的合理合法行为、约束人的不合理不合法行为的手段，通过改革形成良好的制度秩序和社会秩序。

为何要推进“人本改革”

在过去 30 多年改革中，我们主要采取了“渐进改革”“增量改革”“体制外改革”“双轨制改革”“局部突破改革”“试点试验改革”“经济优先改革”等改革策略。事实证明，这些改革策略是有成效的。不过，这些改革策略还是一把“双刃剑”，在带来成效的同时，也带来了体制扭曲、信号混乱、“寻租”腐败严重、贫富差距加大、经济发展粗放、内外经济失衡等“后遗症”。随着改革进入新阶段及改革对象和改革形势的变化，今后的改革策略必须作出调整。那么，新的改革策略是什么呢？笔者认为是“人本改革”“全面改革”“协调改革”“公正改革”“创新改革”等，其中主要是“人本改革”。

首先，“人本改革”抓住了改革的基本方向和核心环节。改革最终都是为了满足人的需求，从满足多数人各种需求出发的“人本改革”就抓住了这个基本方向。改革必须依靠多数人才能取得成功，以依靠人为纽带的“人本改革”就抓住了这个核心环节。我们是人类社会，改革是对调整人与人之间责权利关系的制度的变革，只有始终坚持“以人为本”，才不会偏离改革的大方向。

其次，从过去国内外改革的经验看，“人本改革”能取得较好的效果。中国改革开放以来的农村家庭联产承包责任制改革、国有企业改革等依靠多数人的改革也取得了较好的成效。俄罗斯的打击权贵资本改革、越南的党内民主和国会选举改革都因为得到多数人的支持而取得了较好的效果。

最后，“人本改革”是其他新改革策略的纽带和灵魂。“全面改革”“协调改革”“公正改革”“创新改革”等其他新改革策略只有坚持“人本”才能取得更好的效果。所谓“全面改革”就是要在推进经济改革的同时，加快推进政治改革、文化改革和社会改革，而这些改革主要是满足人的自由选择权和平等交易权等需求。所谓“协调改革”就是要协调推进经济、政治、文化和社会改革，协调推进城乡改革等，其实质是要协调满足人的各种需求。所谓“公正改革”就是要使改革的过程、程序和结果尽可能公平正义，其实质是让多数人分享改革的成果。所谓“创新改革”就是要不断创新改革的战略、途径和方式，其实质是要尽可能发挥多数人参与和推进改革的积极性和创造性。

人本改革的意义

一是它为解释和判断各种好制度和坏制度现象提供了一个统一的分析框架。解释和判断一个制度或一项改革举措是好是坏，可以通过是否满足了多数人、依靠了多数人、引导了多数人、装备了多数人、安置了多数人来分析和识别。

二是它为提出国家、地区和企业等各个层面主体的改革对策提供了非常实用的框架思路。有了这一理论，我们就知道，改革对策无非要从满足人的需求、调动人的积极性、文化制度、法律制度、组织制度（市场组织、政府组织、企业组织）、管理制度、资源优化配置、资源升级、分工深化等方面去考虑。

三是它为整合各种零散的改革理论提供了平台。有了这一理论，我们就可以通过人这根纽带，将各种改革理论从逻辑上串起来，如所有制理论主要研究了其中法律制度中的所有权制度，比较体制理论主要研究了其中的组织制度，微观经济学主要研究了其中的资源配置等。

四是它建立了改革的个人微观基础。这一理论将个体人作为基本的微观单元，在个体人层面上建立了改革理论的最微观基础，从而为将各种改革理论融入统一的逻辑框架中提供了可能。

五是它同时适用于经济体制改革、政治体制改革、文化体制改革和社会体制改革等各种改革。因为不管是哪种改革都离不开人与人之间责权利关系安排这一主题。而且，这一理论中的制度包括文化制度、法律制度、组织制度（含市场组织、企业组织和政府组织）和管理制度等。

六是它在改革与发展之间建立了沟通的桥梁。发展除了表现为总量增长外，更多地表现为要素升级（如技术进步、人力资源提升）和分工深化（如商品化、工业化、城市化）等，而这一理论已将发展的这些内容涵盖进去。

如何推进“人本改革”

一是要从满足多数人需要出发，推进改革。对那些不损害任何人利益但有利于多数人利益的改革（即具有“帕累托改进”性质的改革）要优先推进；对那些有利于多数人但可能损害少数人利益的改革，也要在合理合法补偿少数人利益的情况下大胆推进；对那些只有利于少数人但不利于多数人的“伪改革”要停止推进。通过改革使绝大多数人“学有所教、劳有所得、病有所医、老有所养、住有所居”。

二是要充分依靠多数人推进改革。要尽可能让多数人成为改革的主体，成为改革的积极参与力量。为此，有必要对过去那种主要由政府和精英设计和主导的改革进行改革，转向“多数人参与式改革”，即让多数人可以参与设计改革、论证改革和监督改革，并分享改革的成果。

三是要尽可能形成激励多数人的制度。不管是文化制度、法律制度，还是组织制度、管理制度，都要通过改革尽可能形成激励多数人的制度，充分调动多数人的积极性和创造性。与此相对应，要尽可能形成约束各种主体（如政府、企业和个人等）“机会主义行为”的制度。

四是要为多数人提供好的资源配置条件。要通过改革，优化配置资源，促进资源升级，为多数人提供好的生存和发展条件，如土地、能源、基础设施、资金、技术、知识、信息和人力资本等。

五是要为多数人创造高效就业岗位。要通过改革形成好制度，降低分工交易成本，提高分工效益，促进商品化、农业产业化、新型工业化、新型城市化、区域一体化、国际化和品牌化等各种分工形式的深化，为多数人创造高效率和高效益的就业岗位，并使多数人各得其所，实现其人生的最大价值。总之，“人本改革”是新时期新改革策略的核心和“旗手”，抓住“人本改革”，中国的改革必将走向新的辉煌。

产业转型的机遇和方向

机遇一：消费结构仍在升级。消费结构升级是有规律的。20 世纪 80 年代主要满足吃穿的需求，所以当时纺织服装、食品加工等行业大发展；进入 90 年代，耐用消费品需求开始凸显了，于是彩电、冰箱、洗衣机、微波炉等行业获得了大发展；进入 2000 年后，住和行的需求开始凸显，于是房地产和汽车行业获得了大发展。前面吃、穿、用、住、行五大需求都涉及了，消费结构今后朝哪里升级？那就是“学、乐、康、安、美”，分别是：学习的需求、快乐的需求、健康的需求、安全的需求和美丽的需求。消费结构开始朝这些方向升级，那些与消费结构升级方向一致的新产业和新产品，就迎来了新的机遇。例如，同样是房地产行业，以前主要是发展住宅地产、商业地产，今后将更多地向文化地产、旅游地产、休闲地产和养老地产等方向拓展。

机遇二：工业化进入新阶段。工业化分为前期、中期和后期，现在是中期向后期过渡的阶段。工业化中后期阶段最主要的特征是重化工业与生产性服务业（含金融业、物流业、信息产业等）相交融发展的阶段。根据对英、法、德、意、美、日以及“四小龙”等国家和地区历史经验的研究，重化工业阶段一般来说持续时间比较长，多则持续上百年，短则持续三五十年。中国作为后发国家，虽然可以发挥后发优势，不需要那么长，但再短也要20年左右。目前中国重化工业阶段已经持续了10年，今后还有10年左右，也就是说10年后有部分地区开始进入后工业化时期。由于重化工业产业链比较长，对GDP贡献比较大，所以重化工业阶段持续对重化工业及其相关行业来说就是一个机遇。

机遇三：城镇化进入新阶段。根据国际经验，30%~70%是城镇化的加速阶段，2012年中国城镇化率为52.6%，目前正处于城镇化加速阶段上半段向下半段转折的阶段。这意味着，中国还有20年左右的城镇化快速发展时期，还有几亿农民要进城，还有很多现有的农村和一些城市郊区要演化为新的城市、新的城区，意味着还有很多新的产业和消费发展的空间，意味着还有很多基础设施要建设。这里需要强调的是，今后的城镇化要以什么样的方式推进。现在中央强调的城镇化是新型城镇化，是人本城镇化、市场城镇化、协调城镇化（与市场化、工业化和农业现代化相协调，大中小城市和小城镇相协调，城镇化与新农村建设相协调）、特色品牌城镇化、集群城镇化、绿色低碳城镇化、智慧或智能城镇化、品质城镇化、人文城镇化等。

机遇四：区域经济一体化快速推进。区域经济一体化意味着区域内部不同地区分工协作的加深，分工协作可以提高效率，提高区域的整体竞争力。亚当·斯密的理论看起来很复杂，但在我看来可以用制度、分工、效率、发展四个词来概括。发展取决于效率提高，效率提高取决于分工深化，分工深化取决于制度变革，因此分工协作是提高效率的源泉。正因如此，现在全国各地都在推进区域经济一体化，如长三角、珠三角、环渤海、京津冀、成渝经济带等。我们的产业和企业可以在区域经济一体化进程中分享效率提高的好处。

机遇五：新规划和新政策。“十二五”规划强调发展战略性新兴产业，党的十七届六中全会强调发展文化产业，十八大和十八届三中全会也强调了发展若干重点产业。这些被规划、政策和改革强调的产业会享受到相关政策支持，为产业和企业发展提供了机遇。

机遇六：国际产业链转移和全球产业重组。国际产业转移开始呈现新态势，不仅制造业向中国转移，而且服务业和高新技术产业开始呈产业链式地向中国转移，这就为我们承接服务业和高新技术产业转移带来了机遇。同时，长期以来国际产业链高端被发达国家及其跨国公司所占据，中国企业难以进入其中，但在国际金融危机的重创下，部分发达国家不得不将部分产业链的高端让出来，这就为中国企业进入国际部分产业链高端带来了直接机遇。

机遇七：新一轮全球技术革命。国际经济危机带来很多挑战，但也带来一个重要机遇，那就是催生了新一轮技术革命。这一轮技术革命主要表现在信息技术、智能制造技术和新能源技术等方面，所谓第三次工业革命主要讲的就是新能源技术与IT（信息技术）相结合的故事。

产业转型是从一个领域转到另一个领域，产业升级是在同一个领域从低端升到高端，产业转型升级是产业转型和产业升级的综合体现。产业转型升级的主要方向表现如下。

一是产业高度化或产业服务化。产业从原来主要发展农业，到主要发展制造业，再到主要发展服务业，非农产业或服务业比重不断提高的过程就是产业高度化或产业服务化的表现，这是产业结构升级和经济发展的规律性趋势。

二是产业高端化。所谓产业高端化就是产业及其产品的附加值不断提高，产业中知识或技术密集型产业的比重不断提高。为什么一定要高端化呢？一是消费者的需求档次提高了，必须高端化才能满足新的需求；二是“高成本时代”到来了，如果不实现高端化，企业就无法消化这些高成本，实现可持续发展。

三是产业特色化。在全球日趋激烈的市场竞争中，各地和各企业都越来越强调发挥自身的特色优势，在特色中寻找生存之道。依靠自身的特色资源，发展特色优势产业，形成特色竞争力。只有有特色，才能有优势；只有有优势，才能有竞争力；只有有竞争力，才可持续发展。

四是产业集群化。即按照产业集群的规律去发展产业。各个相关产业和企业在特定区域内“扎堆”。因为产业集群蕴藏着产业发展的核心秘密，凡是产业集群发达的地方，经济也比较发达。产业集群可以从多方面降低成本，如降低生产成本、营销成本、运输成本、学习成本、信息成本、交易成本，同时可以产生多方面的效益，如规模经济、范围经济、网络效应、集聚效应等。

企业家之所以获得比工人或者职员高得多的报酬，是因为企业家或者付出了超负荷的脑力劳动和心理劳动，或者以其创新经营管理获得了超常创新业绩，或者因其承担经营风险同时为企业家赢得了风险收入而承受了巨大的心理压力。所以，在四大生产要素中，最难获得的不是土地、资本和劳动力，而是企业家才能，古今中外，概莫能外。

五是产业品牌化。即在激烈的市场竞争中，品牌产业在整个产业中的比重不断上升，企业通过品牌提高附加值，通过品牌提高自身竞争力，通过品牌占据“微笑曲线”两端中的有利位势。

六是产业绿色低碳化。绿色低碳乃世界潮流，产业要按照资源节约、环境友好和生态文明建设的要求去发展，顺之者昌，逆之者亡。

七是产业融合化。即按照产业链、产业上下游、产业生态的规律发展产业，各个产业之间日益你中有我，我中有你，相互交融。

八是产业信息化。在信息化时代，所有产业都离不开信息技术，尤其是离不开互联网，所有产业和产品中都包括越来越多的信息技术和产品。工业化要与信息化相融合，农业现代化也要与信息化相融合。制造业需要借助信息化手段实现精益制造、智能制造。数字化工厂将信息技术、现代管理技术和制造技术相结合，实现产品设计、经营管理、生产制造等环节的数字化和集成化运行，从而提升企业的综合竞争力。

九是产业国际化。在当今经济全球化时代，企业只有积极主动地参与产业的全球分工协作，分享全球分工协作的好处，才能较好地生存。即便是在自己的家门口，在国际化的新形势下，跨国公司也打到了门口，不国际化没有出路。

如果将制度因素考虑进来，还有一个产业市场化的问题。也就是说，今后要更多地利用市场机制去发展产业，政府主要起适当的引导作用，主要为产业发展创造良好的制度环境。

培养企业创新能力

经济增长的动力主要来自需求边“三驾马车”（出口、投资和消费）和供给侧“三大发动机”（制度变革、结构优化和要素升级），以及要素低成本和政策刺激等。企业是经济增长的主体，创新则是企业提高生产率的重要源泉，是企业形成核心竞争力的不二法门。我们一方面要努力推进自主创新，建设创新型国家，另一方面要发挥企业在技术创新中的主体作用，形成万马奔腾的局面。

首先，创新可以降低企业的生产成本。通过技术或工艺创新，企业可以实现对价格相对较昂贵的稀缺生产要素的替代，这样不仅能降低投入品的价格，有时甚至能打破资源的瓶颈约束，扩大生产能力，降低产品的单位成本。其次，创新能够提高企业产品或服务的价值。创新可以增加产品的品种，满足市场多样化的需求，而且通过创新还可以改善企业产品的品质，如延长产品的使用寿命，增加产品的效用和功能，从而提高产品的性价比，使顾客得到更多的实惠。

政府官员的非程序化决策的比重比企业家低得多；学者和专家的综合素质要求比企业家低，工作压力也要小。企业家要想在瞬息万变的市场上，在激烈的市场竞争中，在扑面而来的非程序化决策中，在法律允许的范围内，站稳脚跟，或获取超额利润，绝非一般人所能为。

企业创新能力是一个由不同要素构成的复杂系统，主要包括技术创新、制度创新、组织创新、管理创新、市场创新、产品创新和文化创新等。培养企业创新能力是一个复杂的系统工程，至少包括以下六个方面。

提高创新意识。明确创新对企业发展的重要性，创新是企业核心竞争力的主要表现，是企业竞争优势的源泉。企业的管理层要达成共识，把创新放在关系企业生死存亡、发展壮大的高度来推动企业创新活动，而且要通过宣传、学习和培训，提高员工对创新的认知水平，增强他们的创新意识。

制定创新战略。创新能力的培养是个系统工程，需要有长远的规划。通过制定创新战略，明确创新目标，认清企业所拥有的优势与不足，把握企业面临的机遇，规避可能面临的风险，适时推动企业创新活动，这样才能做到未雨绸缪，提高创新的效率。

建立创新机制。创新能力的培养需要有相应的创新机制来提供保证。要不断建立和完善创新的投入机制、创新项目的实施机制、内外部的交流沟通机制、组织学习机制、人才引进与培养机制等。

培养创新文化。要在企业内部逐步培养鼓励创新、崇尚创新的文化。要鼓励员工勇于探索和试验，对创新失败采取宽容和积极的态度。要重视员工看似不合实际的想法，大力支持有利于企业发展的创新活动。在注重内部全员参与的同时，要加强企业与外部的沟通联系，使企业发展始终保持一个动态、开放的姿态，随时准备接受新鲜事物。

引进和培养创新人才。国家创新的主体是企业，企业创新的主体是人才。企业对创新人才的引进和培养要不拘一格，善于打破企业和区划界限，采取不同形式，尽量做到能人为我所用，在引进"外脑"的同时，要不断培养企业内部的创新人才。要善于发现人才、使用人才和激励人才，在激发他们创造性的同时，不断提高他们的创新能力。

增加创新的投入。由于创新过程中充满了不确定性，风险高，短期内投资回报率低，抑制了企业创新投入的积极性。创新作为企业核心竞争力的主要表现，其能力的培养和提高有助于企业的长远发展，只有不断增加企业的创新投入，才能做到基业长青。

培育在创新中追求效益的企业家

企业家最主要的行为特征是追求创新。熊彼特认为，所谓"企业家"，无非是那些实现经济要素新组合的人，是经济发展的带头人，其作用在于创新，即实现新的组合。实现新的组合包括：开发新产品或某产品的一种新的特性，采用某种新的生产方法，开辟新市场，获取新的生产要素的供应来源，实现某种新的组织形式或组织创新（如建立托拉斯）。奈特认为，企业家是在极不确定的环境中作出决策的人，必须自己承担决策的后果。卡森认为，企业家是专门就稀缺资源的配置作出判断性决策或非程序化决策的人。三种定义各有侧重，但其内核都是创新或创新决策。企业家与普通的经营管理者的区别在于：前者是对某些突如其来的事件或全新问题进行处理和决策，即进行非程序化决策；后者是指按部就班地进行日常管理，即进行程序化决策。在非程序化决策中，企业家追求创新是一种内在的要求。

企业家追求创新是市场竞争的内在要求。企业家在竞争中站稳脚跟或获取超额利润的“基本功”或“秘密武器”就是创新。那些总是先人一步，抢占市场制高点或开拓市场空白点的企业家，无疑是“高手”。创新的方式不仅仅是开发新产品和开拓新市场，组织制度创新和方法创新等也是很重要的内容。

追求创新对企业家提出了很高的要求。市场经济对企业家的要求比对其他许多职业的要求都要高。高超的决断能力要求企业家具备较高的知识水平、较深的阅历、广泛的见识、很强的思维能力、很强的协调和管理能力、较高的信息处理水平和很强的心理承受能力等。

企业家的才能特别是创新才能是一个重要的生产要素。在经济学分析中，“企业家才能”与土地、资本、劳动力一起构成生产的四大要素，产品的价值是由地租、利息、工资和企业家利润所组成的。在马克思所处的时代，企业的所有权和经营权分离并不明显，所有者往往就是经营管理者，这与今天的职业企业家有重大区别。那时的经营管理者即资本家，凭借对资本的所有权剥削工人，获取剩余价值；现在的职业企业家凭借自己的脑力劳动获取报酬，即使其所分股份也是凭业绩得来的。我们不难发现，几乎所有的优秀或成功企业背后都有一位出色的企业家。可以说，一个企业若没有一位好的带头人，要想获得成功是不太可能的。其他三大生产要素要想转化为生产力，就必须通过企业家对其进行优化组合。

企业家的核心职责是追求经济效益。一方面，企业家追求经济效益是企业经营的内在要求。企业经营的本质是以尽量少的资源创造尽量多的新的社会财富。另一方面，企业家追求经济效益也是企业所有者的基本要求。企业所有者将资产交给企业家经营，目的是使资产保值增值。资产保值增值的基本途径就是提高经济效益，只有提高经济效益，才能使企业自有资产和净资产稳步增长，而企业家要想对企业所有者真正负责，就必须追求经济效益。

第三章

换挡期的新动能

中国经济不缺“动力”，关键是克服“摩擦力”

*

北京大学国家发展研究院经济学教授
周其仁

我们知道，一个物体要往前移动，第一要有动力，第二要克服摩擦力，经济运行，也是同样的道理。今天的中国经济，我一直认为不会缺动力，因为中国是人口大国，长期贫穷，虽然经济总量居世界第二，但是人均水平还在全球 80 位以后，潜力巨大。

所以，中国经济要继续向前发展，就必须好好研究“怎么能够有效地降低经济往前走的摩擦力”问题，这个“摩擦力”就是成本。

“制度性成本”弥漫在整个商业活动的底部

分析摩擦力或者成本，有很多个层次：

第一个层次是每个企业可以自己解决的问题。任何一家企业，不管看上去多么成功，都有它自身的难题，需要下气力去解决。

第二个层次是通过企业之间的互相交流，增强处理摩擦力的力量。就是通过看看别的企业做得怎么样，学习先进的经验。改革开放以来，中国经济在前两个层次上，力量是足够强大的。

第三个层次就是我们系统性的、制度性的摩擦力。它不是个别企业就能解决的，也不是企业互相学习就能够有效降低的。

那么，什么是系统性的摩擦力，或者叫制度性成本呢？

我举一个例子，李克强总理在一次座谈会上，就提到了一个关键问题，中国的上网资费为什么这么贵？网速为什么这么慢？这是一个“上游问题”。现在一讨论“互联网+”，就要跟网速和上网资费打交道。但是，这个资费不是在一个完全竞争的市场环境里面形成的，我们的电信市场开放程度还很有限，不是说你看见它资费高，就可以引入竞争机制，把资费降下来，造福于整个市场、整个消费者，它涉及整个所谓“体制改革”，涉及大型企业、市场准入，涉及在维持国家安全的情况下，怎么让我们一些基础性的服务物美价廉，而是要由总理出面解决。问题是，我们 13 亿人口就一个总理，这种制度性成本，弥漫在我们整个商业活动的底部。如果不能有效地降下来，它会变成国民经济的战略问题，因为各行各业都要用这个。有人会说：“资费高一点、低一点，有什么关系吗？上网速度快一点、慢一点，有什么关系吗？”有很大的关系。

对成熟企业，资费高一点无所谓，因为它们有能力消化。但是，对于所谓“大众创业，万众创新”的企业，资费高那么一点点，都会产生很大的创业成本。对于很多企业，运营好的时候资费高一点，还可以消化，但一遇到市场吃紧，问题就很严重了。

所以，不要认为“互联网+”仅仅是一个技术问题，它是一个商业模式问题，也是一个体制问题。而这个体制问题的改革，绝不是说企业家可以置身事外，现在要实现全面小康，企业是发展的主力，一定要参与到“降低系统性成本”的过程当中来。

我最近调查一家企业，人家跟我反映说，现在的局面叫作“大领导轰油门，中领导挂空挡，小领导就是不松刹车”。我希望这不是普遍的，但是，只要有个别区域存在这种情况，我们就需要共同和政府合作，把摩擦系数降下来，这样中国经济的动力足够，我们就能克服短期的下行，克服中期转型的困难，从而把中国经济推向一个新的成长阶段。

转向内生平衡增长的新轨道

*

国务院发展研究中心研究员
张文魁

中国经济增速不但在中国内部受到高度关注和争论，也在全球范围受到高度关注和争论。从 2011 年以来的三四年里，这个增速经历了一个出乎很多人意料的较明显的下滑过程，但即使下滑到目前这样的区间，增速的稳与不稳仍然受到刺激政策的扰动，无论研究人员，还是政府官员，都难以对未来的增长稳态作出令人信服的确切判断。2014 年和 2015 年，经济增速都处于不稳定之中，一些经济指标还显示出相互矛盾、令人迷惘的景象。在这个时候，我们更需要获得方位感和寻找方向感，以使中国的经济政策能够泰然自若地正确挥洒。

速度惯性减弱与增长韧性增强

在2010年之前的30余年的时间里，无论是外部冲击的原因，还是内部调整的原因，每当经济增速明显下滑时，经过自我消化及政策刺激，经济增速在两三年左右或更短的时间里又会重回高速轨道，抑制过热的政策有时都难以遏制这种高增长势头，这实际上体现了高增长阶段的速度惯性。但2011—2014年，我们仍然没有看到这种以前反复出现过的恢复高增长势头的情景。当然，经济增速非常难以预测，再复杂的模型在很多时候都徒有华丽花哨的外表而已，我们无法断言中国经济绝不会再出现阶段性的高增长现象。不过，从“十二五”规划后两年刺激政策的效果来看，中国经济在高增长时期所保有的那种速度惯性确乎是减弱了，我们没有看到稍微松一松刹车或者踩一踩油门，又恢复高速行驶的那种惯性，这可能印证了所谓的中高速增长。

在速度惯性减弱的时候，我们发现增长韧性有所增强。必须承认，增长韧性，在标准的宏观经济学中并没有这个概念及相应的分析框架。不过，我们可以借鉴新凯恩斯主义关于真实刚性方面的分析来谈论增长韧性。从中国经济的实情来看，除了大家已经十分认可的就业等宏观指标之外，如果我们能够更多地从非宏观的层面来考察经济增长和经济波动等宏观问题，并从某些有意义的角度来衡量增长韧性，这对于预防处于增速换挡期和结构改革期的中国经济的脆裂，是十分有益的。我认为，从市场化导向行业和企业的盈利性、产业结构的自调性、进入和退出的顺利性这三个维度来分析我国经济增长的韧性，可能是恰当的。

市场化导向行业和企业的盈利性，最能体现增长韧性。在“十二五”规划期间，我国一些行业的销售利润率在GDP增速下行中明显下滑或者剧烈波动，如煤炭、钢铁、化工、造船、光伏等，这些都是深受政策影响或者饱受政策折腾的行业，但是也有一些行业的销售利润率比较稳定，如家电、食品、纺织、医药等，特别是纺织业的销售利润率从十年前到现在都是一个稳定上升的趋势，这些是真正市场化导向的行业，竞争比较充分，开放程度较高。2015年以来，这种情况进一步现象化，从而使得规模以上工业企业主营业务利润增速能达到与主营业务收入增速大致相当的水平，而其中私企的利润增速比国企有着好得多的表现，从而让国企本身与前两年相比也有所改善。特别是私企占多数的制造业，利润增长保持着一个较高的增速，那些长期受困于成本上升的劳动密集型行业亦是如此。市场化导向的行业和企业仍能保持不错的盈利性，就可以覆盖利息支付和本金偿付，保证金融体系和整个经济的基本稳定，而且为进一步的投资扩张和升级转型奠定了基础，因此可以判断，在市场化导向的私企占比不断提高的情况下，我国经济的增长韧性有所增强。

产业结构的自我调整能力，也能反映我国经济的增长韧性。当下我国的产业结构是否正在进行有意义的自我调整，以适应重化工业化大潮消退带来的经济增速下滑和经济增长阶段转变呢？从服务业的情况来看，这种自我调整正在出现。政府过去十几二十年里出台很多政策来调整产业结构，都不理想。“十二五”规划后两年，服务业增速继续保持2014年以来明显高于工业增速的势头，占GDP的比重进一步上升。实际上，我国服务业增速和规模很有可能被明显低估了，因为我国的统计体系主要针对工业而设计，服务业存在很多“漏统”，特别是服务业中占比最高的“其他服务业”，包括了信息传输、计算机服务和软件业，租赁和商务服务业，居民服务和其他服务业，文化、体育和娱乐业等，“漏统”成分可能更大，就是传统的餐饮服务业，也普遍存在“漏统”的情况，那些常常被“漏统”的非正规部门有很强的渗透性。从日常生活中也可发现服务业的劳动力市场较活跃，看不出经济低迷。可以判断，服务业的发展正在增强中国经济的韧性，有些小行业正孕育着巨大发展空间。即使在工业内部，我们看到，“十二五”规划中后期，制造业增加值的增速仍然能够保持在10%左右或者离10%不远，这远比采掘业和水电气供应业的增速更稳定。对工业增速拖累最大的实际上是采掘业和水电气供应业，这两个行业的增速下滑并不值得过分担忧，那些过分依赖资源开发的省份因此而遭受增速下滑的折磨，恰恰是“资源诅咒”的灵验。而制造业更加重要，根据美国经济学家里卡多·霍斯曼等人的研究，制造业所创造的经济复杂性是经济活力和经济增长的最重要来源，只要中国制造业增加值能够保持不错的增速，就能够在较大程度上缓解我们对较低工业增速的忧虑。

经济活动的进入和退出若变得更加顺利，也意味着经济增长的韧性在增强。与前两个维度相比，对进入和退出顺利性的测度并无现成指标，但还是可以通过对现实的观测来形成粗略判断，并且也可构建一些间接指标。优胜劣汰是市场竞争的正常结果，如果不能劣汰，也就无法优胜。总体而言，我国经济活动的进入和退出机制还不顺畅，需要通过进一步的结构性改革来疏通进入和退出通道，但相比较而言，“十二五”规划后期，我国企业的破产关闭、停产歇业、兼并重组等退出现象在增多，特别是那些竞争比较充分、国家干预较少、民企占主导的行业，退出更加活跃，不但有中小企业退出，也有大企业退出，并且退出的同时，也有一些新资本、新企业进入，即使在那些被认为产能严重过剩的行业，也有一些新资本和新企业带着新的技术或工艺、新的理念或模式进来了，这些都有利于市场出清和产业创新，即使有一时的增速放缓，但经济增长的机能会随着资源错配、市场扭曲和竞争受阻的清除而得以恢复。

经济结构的再平衡与增长动力的再构建

在论及增长韧性的时候，我们初略地分析了产业结构的变化，看到了结构变迁的一些好的迹象。从更广泛的范围来分析中国经济中那些重要的结构性问题，应该能够洞察到再平衡的大幕似乎正在开启。

不过对中国经济结构再平衡的迹象应该作一分为二的分析，不要仅仅从比例数据的变化和静态的角度来简单地评价再平衡。即使从前面已经提到，也为大家最熟悉的产业结构来看，当我们为服务业加速发展而欣慰的时候，不应该忽视一个重要问题，那就是服务业生产率的低增长。美国经济学家威廉姆 · 鲍默尔在他对非平衡增长的宏观经济学研究中，论述了从制造业主导到服务业主导的经济增长进程中，服务业不可避免地会出现成本膨胀和生产率增速滞缓的问题，也就是说，服务业是一个生产率进步缓慢的行业，这会导致整个经济增长步入迟缓状态，甚至出现滞涨的风险。他还提醒，密集的研发活动并不一定带来经济的高增长，因为研发本身也是一个服务行业，他的研究已经被许多国家的事实所验证。威廉姆 · 鲍默尔还忽视了一点，那就是服务业仍然不是一个全球化的行业，难以像制造业那样接受充分的国际竞争和融入全球创新体系中去，这一点也会导致服务业主导的经济缺乏足够的活力和创新。因此，尽管服务业持续加速，研发活动日益活跃是我们乐于见到的，特别是与互联网等有关的新兴服务业的爆发式发展，以及医疗和文化等长期受到抑制的传统服务业的复苏性发展，对我国下一步经济增长将会作出重要贡献，但如果把从制造业主导到服务业主导简单地理解为以服务业来取代制造业，或者在服务业膨胀的同时可以让制造业萎缩，那就大谬不然了。本人认为，在我国经济结构的再平衡进程中，应该考虑如何为我国制造业注入新的活力。现在美国正在力推再工业化，欧洲和日本也进一步认识到制造业的重要性，处于这样的大背景下，可能会出现国与国之间制造业竞争加剧的情况。因此，当我国的工业化在未来趋于成熟，服务业份额不断攀升的情况下，如何使服务业发展更多地推动制造业生产率的提升和全球竞争力的增强，是一个必须得到高度重视的议题。如果这方面做得比较成功，以使我国制造业增加值的增速在未来较长时期都能够相对稳定，那就可以为我国经济的中高速增长注入燃烧更久、热力更大的燃料。

经济结构的再平衡还涉及消费和投资、内需和外需等关系的再平衡。从过去一两年的数据来看，这几组关系正在朝着我们期望的方向改善。消费和投资之间的再平衡实际上存在很大争论，这在许多国家都是如此，所以毫不奇怪。由于我国在“十二五”规划后期重振经济增速政策的效果低于预期，而且许多行业存在比较明显的产能利用率不足，那种加大投资力度、扩张总需求的政策建议很自然会引起决策者的注意，一些经济学家因而担心政策再次转向投资驱动的方向。而另一些经济学家则争辩，我国的消费率被显著低估了，那种热捧消费而冷落投资的思维不但是在理论上站不住脚的，在实际中也是有害的。本人认为，再平衡并不是刻意压制投资，而是要改变那种过度扭曲的状态。也许，经济学理论上所论述的消费与储蓄之间的黄金律，以及符合黄金律的平衡增长路径，在实际当中并不存在，但我国资本报酬下降意味着过度投资和过于超前的投资是严重的，而对于拥有十几亿人口的中国而言，当前这样的消费率，即使根据估算进行大幅度上调，仍然有着较大的再平衡空间。当然，消费具有内生性，与收入分配高度相关，这归根结底还是要提高劳动生产率。值得注意的是，提高生产率可能与轻视投资是相互矛盾的，当前对投资的轻视有可能导致未来生产率上升势头的进一步丧失。这也进一步说明，再平衡不仅仅是简单地压缩资本形成，而是要对GDP中份额中趋于缩减的资本进行更加有效地分配，配置到那些在新的情形下最有益于生产率提升的方面去，譬如从基础设施等土木建筑为主的投资，更多地流向工艺改进、流程改造、技术研发、产业链重组、新兴业务勃兴当中去。

同样，外需与内需之间的再平衡，也不是简单地放弃外需，而是不得不放弃对外需的过度依赖。我国经济的中高速增长对外需的依赖正在减弱，这是好事，但是也要观察中国工业制成品的全球竞争力是否下滑。我们不应该对再平衡产生误会，将经济增长对外需依赖的减弱误认为是一国产业体系的全球竞争力减弱。在过去 30 多年里，特别是中国加入WTO（世界贸易组织）之后，中国将自己的工业制成品在全球的竞争优势发挥得淋漓尽致。但是，这些竞争优势主要是低成本，以及对市场的快速反应能力。问题在于，当我们内部启动结构再平衡的时候，收入水平更低的其他一些经济体也在开始构建低成本之类的竞争优势了。我们无法预知我国工业制成品的低成本竞争优势是否在未来几年里会被其他发展中国家逐渐取代，但回顾一下过去二三十年的历史是有益的，这期间中国众多的制造行业取代了曾经先行于我们的发展中国家的制造业，随之，东南亚国家和拉美国家出现了去制造业化的情况，那些国家一度成型的制造业不但没有进一步发展壮大，反而在没有成熟的时候就衰落了，而制造业的衰落在很大程度上等同于经济增速的滑落，而那些国家的情况正是这样。我们不能说中国会出现同样的去制造业化的情况，但是当我们原有的竞争优势无可奈何地逐步丧失的时候，在一个全球化的竞争环境中要避免去制造业化的命运，就需要实现制造业的全球竞争优势的及时转换，这样才能避免再平衡成为经济增长的一个陷阱。

以上所有的分析实际上归结为一句话：在经济结构再平衡的同时，必须进行增长动力的再构建。经济结构的再平衡，在很大程度上是一种不可抗拒的规律，而增长动力的再构建，则在很大程度上是一种无法偷懒的工作。探讨国民经济在一个较长时间进程中的增长动力，现有的分析框架采取的是供给侧视角，这个视角大致较有道理，当然供给侧的投入增加和效率提升需要转化为需求侧相应的收入和支出，这是一个更复杂的事情。从供给侧视角来看，过去30多年的增长，到底精确到多大程度可以分解成要素投入和生产率提升的各自贡献，在经济学界有很多争议，不过争议较少的是，过去的生产率提升主要是来自于技术和管理等方面与前沿经济体的差距，差距导致的直接引进、效仿、学习和改良等，使我们可以便利地进行生产率的追赶。的确，这种差距仍然存在且还比较明显，但是，当缄默知识在追赶中变得更加重要，当技术的环境敏感性在追赶中成为更大障碍的时候，我们的经济增长动力，需要从以前过于依赖不断加码的要素投入，过于依赖物质资本的积累利用，过于依赖外延工业化而容易实现的生产率追赶，转向更多地依赖人力资本、知识资本的积累利用所贡献的生产率，使我国的经济增长得以维持在一个符合逻辑的水平。这种内生增长动力的构建，一方面由再平衡的压力而逼迫，另一方面也会助益于再平衡。概括而言，我国未来的增长之路，应该是一个内生平衡增长的新轨道。

促进内生平衡增长的政策取向

转向内生平衡增长的新轨道，这在中国会自动发生吗？从过去两三年的一些积极变化来看，我们能看出朝着这个方向的迹象，但这些初步的变化远远不够，我们不能指望一切会自动发生。恰恰相反，这需要产业界和政府作出艰苦的努力，特别是政府需要对一些重大的政策取向进行根本性的调整。政府的短期宏观政策目标应该有所改变，从经济增速提振改变为经济运行稳定，以防止经济运行出现大的波动以及由此引发的风险，更重要的是，政府须着力推进长期的结构性改革政策，促进经济增长朝着所期望的新轨道前进。

转向经济增长的新轨道，创新的重要性将空前提高，尽管这是众所周知的事情，而且政府对创新表现出前所未有的重视，但是未来，需要更加重视分散试错型创新，因为模仿改良型创新的空间已经大为收缩。在分散试错的创新体系中，更加完善的市场机制，更加公平的竞争环境可以发挥更大的作用，而政府也绝对不是无所作为。总的来说，政府应该极大地放松管制，同时应该对政府职能进行再定位，从以显性公共物品提供（如提供良好的基础设施）为重点过渡到以隐性公共物品（如提供产权保护、社会信心、更加包容的教育与更加自由的基础研究，等等）提供为重点。虽然政府已经开始树立这方面的意识并且已经开始某些行动，但在现实当中，我们也看到了很多自相矛盾的政府政策和政府行为，比如政府一方面誓言取消审批，同时又将一些行业判定为产能严重过剩并进行新增产能控制等方面的严厉管制，包括政府直接控制企业产能项目的审批、左右商业银行的判断、要求商业银行不能给某些行业的企业贷款，以及对证券市场进行类似干预，划定某些行业的企业不能上市融资，等等。须知，分散试错型创新可以发生在任何行业和任何企业，传统行业和企业在活跃创新当中，也可能实现竞争优势的及时转换，从而成为全球范围内有较强竞争力的行业和企业，何况放开竞争的行业哪一个不产能过剩。更具挑战的是，我们这里谈论的政府是一个宽概念的政府，实际上是指包括司法在内的国家治理体系，这个治理体系要提供良好的隐形公共物品，还需要付出艰巨的努力。

倾斜性的产业政策不利于转向内生平衡增长的新轨道，应该被摈弃。倾斜性产业本质上是政府判定产业和企业的优先程度以及政府掌控并分配经济资源。在外延追赶阶段，精英型政府在一定程度上可以选定一个时期的支柱产业和支柱企业，并进行重点扶持，包括将政府直接或间接掌控的资金、土地、政府信用等资源倾注其中，同时可以适度控制竞争者的数量和协调竞争者的行为，防止所谓的“过度竞争”情形出现。不过从理论上来看，随着前沿距离的改变和时间的推移，政府进行定向倾斜支持的空间越来越小，更重要的是，在实际当中，我们发现产业政策的正面效果很差而负面后果更多，其中一个负面后果就是严重失衡和竞争不公的出现。要转向内生平衡增长的新轨道，政府在经济领域的身份应该改变，应该从过去的倾斜支持型政府转变为竞争中立型政府，从特惠型政府转变为普惠型政府。身份的转变，不但会导致政府权力的丧失，特别是自由裁量权的丧失，会要求政府显著地减少对资源的掌控和配置，还会将产业界的剧烈竞争，有时会是恶劣的竞争，带到政府面前，让政府感受到传统语境中所谓的重复建设、资源浪费之苦，这些对政府都将是严峻的考验。

政府还需要建立更加顺畅的商业活动进入与退出机制。近一两年，商业活动的进入机制已经有了较大的改革，企业注册设立和年检制度都变得更加自由和更加便利，同时政府还建立了企业有关信息的公开制度，这非常有助于企业透明度的提升和诚信守法环境的形成，这项改革成果需要进一步巩固。这一两年企业退出也有明显增加，但这些退出活动在很大程度上是处理大规模经济刺激计划的后遗症，而正常化的商业活动退出机制还远未形成。

如果没有顺畅的退出机制，资源就会耗费在拖累生产率提升的那些经济活动中，这对于转入经济增长的新轨道自然是不利的。特别是大量的国有企业受到或明或暗的各种庇护和资源倾注，以及还保留了一些计划经济的遗产，导致退出非常困难，即使那些长期经营困难的国有企业也难以关闭和出售重组，因此未来几年必须加快清理国有企业，行政性垄断对国有企业的保护应该取消，计划经济留下来的遗产应该清除，各种庇护政策和拖延战术应该停止。即使是民营企业，如果规模大到一定程度，退出机制也会受到很大扭曲，不但企业会俘获、绑架政府，政府也会因一时的税收和社会稳定之虑而采取不当的庇护政策。要改变这些状况，需要政府采取更加有力的行动。

总之，转向内生平衡增长的新轨道，并不是一件瓜熟蒂落、水到渠成的事情，而是一件种瓜得瓜、挖渠得水的事情。清晰的政策取向，可以成为转向新轨道的助推剂。

中国经济发展新常态的战略思考

*

中国社会科学院学部委员
金碚

中国经济的基本面发生了历史性的实质变化，已经进入了一个经济发展的新阶段。在这个新阶段中，将发生一系列全局性、长期性的新现象、新变化。经济发展将走上新轨道，依赖新动力，政府、企业、居民都必须有新观念和新作为。“稳增长”着眼近期，“调结构”着眼中期，“促改革”着眼长期。着眼于长期的改革，也需有现实的动力源泉，应有激励相容的机制、机理。在经济新常态下，最重要的改革方向和政策取向就是要形成“公平—效率”的新常态关系，这是能否实现经济新常态的特征之一“从要素驱动、投资驱动转向创新驱动”的关键。在经济发展新常态中，我们将越来越明显地观察和感受到中国社会的价值选择、行为特征和规则意识的一系列新常态现象。经济新常态不仅是一种客观形势，而且是一种战略思维和战略心态，即以何种主观意识来判定经济态势的正常和合意与否。在经济发展的新常态下，社会心理会更具战略平常心，更倾向于长期理性、公共思维和持久耐心。国家发展将更加体现战略思维的“平常心态”：长远眼界、长效目标和长治久安。

自 20 世纪 80 年代中后期至 2007 年美国次贷危机爆发的约 20 年，世界经历了一个被一些经济学家称之为“大稳定”的时期。尤其是 2002—2007 年，是世界经济增长少见的高度乐观的“黄金时期”，除了日本等少数国家，各类经济体包括美欧发达国家、新兴经济体和发展中国家，大都实现了较高速的经济增长。那时，中国经济的高速增长成为世界经济增长的强有力引擎。这一过程被 2007—2008 年爆发的国际金融危机打断。尽管这样，直到 2010 年，大多数人仍然认为，国际金融危机所导致的经济下滑只是一个周期性现象，只要各国政府联手采取宏观经济刺激政策，就可以遏制下滑趋势并使经济增长回到 2007 年以前的高速增长轨道。各国政府确实这样做了，这是人类历史上第一次全世界主要国家联手采取“凯恩斯主义”的宏观经济刺激政策，以应对突如其来的国际经济危机。刺激政策取得了一定效果，但并未能迎来所期望的经济恢复和增长，世界至今仍处于后危机时期的经济低迷之中。其中，中国的经济增长尤其令世界瞩目。到 2011 年前后，中国开始认识到，从过去的两位数高速经济增长，下行到 7%~8% 的速度，主要并非周期性因素所致，而是一种结构性减速，即中国经济的基本面发生了历史性的实质变化，已经不以人的意志为转移地进入了一个“新时代”，或经济发展的新阶段。在这个新阶段中，将发生一系列全局性、长期性的新现象、新变化。经济发展将走上新轨道，依赖新动力，政府、企业、居民都必须有新观念和新作为。这一切可以被简要概括为经济发展的“新常态”。因此，研究经济发展新常态成为一个具有重要学术意义和现实意义的课题。

长期观视角下的经济发展新常态

从认识论上说，经济“新常态”实质上是关于经济发展某一阶段的长期现象和历史特征的现实描述和理论刻画。其认识对象就是由经济发展的客观规律性所决定的某一历史阶段的整体性的“正常”现象。所谓“正常”现象，实际上就是长时期内发生的普遍性、“大多数”或“大概率”的现象。因此，观察和研究经济发展的新常态需要有较长的眼界视野和时间跨度，甚至需要借鉴超长期经济史的研究成果。即基于大跨度时间的视角，观察研究对象时期中（即未来数十年间）将会发生的常态现象，特别是有别于以往的新现象。

从世界范围看，人类当前正处于工业化时代，这个时代已经历了200多年，发生了数次工业革命，但大多数国家迄今尚未完成工业化。18世纪以来的第一、第二、第三次工业革命以其特有的性质和动力，一波又一波地推动各经济体以远远高于以往的速度增长，也有学者称之为人类发展的数次“浪潮”。从人类发展的长期趋势看，工业化是一个非常特殊的历史阶段。法国经济学家托马斯·皮凯蒂在他那本影响广泛但也颇具争议的著作《21世纪资本论》中，就是从大跨度时间上观察经济增长和财富分配的长轨迹和大趋势，以长期数据的收集和分析支撑其学术判断和政策主张。他的核心观点就是，从人类发展历史看，高速经济增长是工业化时期发生的一段特殊历史现象，也可以说是工业化时期区别于其他时期的特征性“常态”。在工业革命之前，人类的经济增长是极为缓慢的；完成工业化之后，高速增长也将不复存在。也就是说，全球经济增长的长程“常态”是低速或中低速增长（当然是相对于工业化时期而言）。从公元元年到1700年，全球人均产值年均增长率为0%，只是由于人口以年均0.1%的增长率增加，才使得全球总产值年均增长率为0.1%。

工业革命极大地改变了人类发展状况。1700—2012年，全球人均产值年增长率0.8%，全球人口年均增长率0.8%，因而全球总产值年均增长1.6%，是工业化之前的16倍。其中，1913—2012年，全球人均产值年均增长率1.6%，全球人口年均增长率1.4%，因而全球总产值年均增长3.0%。在人类发展的数千年的文明史上，这是一个罕见的现象。值得关注的是，1990—2012年，亚洲的人均产值年均增长率达到3.8%（见表4），反映了中国经济高速增长对世界经济增长的强有力推进所表现出的突出结果。

表4　工业革命以来的全球及各洲人均产值年增长率

（单位：%）

年份	全球总产值	全球人口	人均产值	人均产值——欧洲	人均产值——美洲	人均产值——非洲	人均产值——亚洲
0—1700	0.1	0.1	0.0	0.0	0.0	0.0	0.0
1700—2012	1.6	0.8	0.8	1.0	1.1	0.5	0.7
1700—1820	0.5	0.4	0.1	0.1	0.4	0.0	0.0
1820—1913	1.5	0.6	0.9	1.0	1.5	0.4	0.2
1913—2012	3.0	1.4	1.6	1.9	1.5	1.1	2.0
1913—1950	—	—	0.9	0.9	1.4	0.9	0.2
1950—1970	—	—	2.8	3.8	1.9	2.1	3.5
1913—1950	—	—	0.9	0.9	1.4	0.9	0.2
1950—1970	—	—	2.8	3.8	1.9	2.1	3.5
1970—1990	—	—	1.3	1.9	1.6	0.3	2.1
1990—2012	—	—	2.1	1.9	1.5	1.4	3.8
1950—1980	—	—	2.5	3.4	2.0	1.8	3.2
1980—2012	—	—	1.7	1.8	1.3	0.8	3.1

资料来源：[法]托马斯·皮凯蒂，《21世纪资本论》，巴曙松译，中信出版社2014年版

托马斯·皮凯蒂认为，从人类发展的长期过程看，即使全球人口年均增

长率保持 1% 和经济增长率长期显著超过年均 1% 也是不可承受的，甚至是难以设想的。例如，“如果 1700—2012 年的平均人口增长率（约为每年 0.8%）再持续 3 个世纪，全球人口总数将在 2300 年达到 700 亿”，因此，经济发展“每年 1% 的增速意味着重大的社会变革”。“过去两个世纪的历史表明，发达国家的人均产值很难以高于每年 1.5% 的速度保持增长”，“历史表明，只有正在赶超更发达经济体的国家（比如第二次世界大战后 30 年中的欧洲或今天的中国和其他新兴国家）才能以这个速度（每年 4% 或 5%）增长。对处于世界增长前沿的国家而言——并且因此最终对作为一个整体的地球而言——没有足够的理由相信增长率在长期会超过 1%~1.5%，不管采取何种经济政策都是如此”。总之，当第二次工业革命完成之后，发达经济体的人均产值增长率将处于 1.0%~1.5% 的“新常态”。

美国著名经济学家罗伯特 · 戈登认为，在三次工业革命中，第二次工业革命的影响最深和最长远。第三次工业革命真正推动美国经济高速增长只有短短 8 年时间，而第二次工业革命对美国经济增长的推动持续了 81 年之久。他对全球未来经济增长率的判断比托马斯 · 皮凯蒂更为谨慎。

挪威资深未来学家乔根 · 兰德斯经过长期研究预测：未来 40 年，“在富裕的社会中，对物质财富的追求不再成为一个有力的动力。这会减少对未来经济增长的推动……结果就是，生产力增长速度会持续放缓，这反过来会使全球 GDP 增长停滞，继而开始下降”。他预测，“未来 40 年里，中国经济将一直保持高速增长的态势；到 2052 年，中国经济总量将达到 2012 年的 5 倍，这相当于 3.5% 的年平均增长率。”可见，即使被乔根 · 兰德斯称为“高速增长的态势”，也只是每年增长 3.5%，这已是可以预见的非常乐观的经济增长“常态”了。

著名英国经济史学家安格斯·麦迪森在研究了全球经济增长的长期历史走势的基础上，在《中国经济的长期表现——公元 960—2030 年》一书中系统研究了中国经济增长的长期趋势。根据他的测算，1820 年，中国人口占世界的 36.6%，GDP 占世界的 32.9%，中国同世界平均水平相比的人均GDP为 90.0（世界=100）。1952 年，中国占世界GDP的比重下降到仅为 4.6%，同世界平均水平相比的人均GDP仅为 23.8。改革开放开始的 1978 年，中国占世界GDP的比重为 4.9%，而同世界平均水平相比的人均GDP更下降为 22.1。1978 年之后，中国经济高速增长，到 2003 年，中国占世界GDP的比重大幅上升到 15.1%，同世界平均水平相比的人均GDP增长到 73.7（见表 5）。

表 5　1890—2003 年中国在世界地缘政治中的地位

年份	1820	1890	1913	1952	1978	2003
中国占世界GDP的比重（%）	32.9	13.2	8.8	4.6	4.9	15.1
中国占世界总人口的比重（%）	36.6	26.2	24.4	22.5	22.3	20.5
中国同世界平均水平相比的人均GDP（世界=100）	90.0	50.3	41.7	23.8	22.1	73.7

资料来源：[英]安格斯·麦迪森，《中国经济的长期表现——公元 960—2030 年》，伍晓鹰等译，上海人民出版社 2008 年版

根据安格斯·麦迪森的分析和判断，“中国的这种赶超发达国家的过程可能在随后的 1/4 世纪中持续。但是如果假定未来的增长将同 1978—2003 年期间的增长一样快是不现实的。在过去的这个时期，它因农业资源的重新配置而获得了巨大的效率提高，不过这是一次性的。它还经历了外贸方面爆炸式的迅速扩张，以及通过大规模的外国直接投资而加快吸收外国技术。随着逐渐接近世界技术前沿，中国增长的步伐就会放慢。假定从 2003—2030 年人均收入会以平均每年 4.5%的速度增长，但增长速度是逐渐放慢的。具体来说，假定 2003—2010 年的年增长率为 5.6%、2010—2020 年为 4.6%、

2020—2030年略高于3.6%。按照这样的假设，到2030年，中国的人均收入会达到西欧1990年的水平，或日本1986年的水平，也就是西欧和日本赶超过程停滞的时候。在接近那个水平时，技术进步的成本就会更高，因为要用技术创新取代技术模仿。然而，到2030年时，世界技术前沿还会进一步外移，所以中国在那之后仍然存在赶超的余地”。

上述国外著名学者对长期经济增长率的测算和预测，由于统计方式和口径不同，具体数字有所差别，但所描述的历史轨迹和作出的基本判断是大体相同的。而从中国近几年的经济增长实际状况看，目前已经从曾经的10%左右年增长率，下降到8%以下，2014年前三季度为7.4%。许多研究成果表明，中国经济的潜在增长率显著地趋于下降。中国社会科学院的一项研究显示“结构性减速，构成中国经济新常态的主要特征”，并预测“在2011—2015、2016—2020、2021—2030年的三个时段内，中国潜在增长率区间分别为7.8%~8.7%、5.7%~6.6%和5.4%~6.3%”。

总之，无论是从人类发展的长期历史，还是从世界近二三十年的经济走势，尤其是从2008年国际金融危机以来的世界经济形势和中国经济发展态势看，一个以经济“新常态”为表征的中长期历史阶段正在到来。“新常态”将成为今后相当长一段时期内中国经济发展的基本性质和主要特征。其实，即使是下行到7%或更低一些的经济增长率，相比于全球经济的长程“常态”以及与世界同期的其他国家相比，也完全可以算得上是“高速”或“中高速”的。可见，所谓经济新常态，其实也是一种心境的常态和视野的开阔，是“平常心态”和长期视角下合理预期的经济增长率大趋势。

中国经济发展新常态的时代特征

据报道，“新常态”的概念最早由美国太平洋基金管理公司（PIMCO）总裁M.埃里安于2008年开始使用，以预言2008年国际金融危机之后世界经济增长可能的长期态势。习近平总书记在2014年5月考察河南时第一次提及经济“新常态”，要求领导干部“从当前中国经济发展的阶段性特征出发，适应新常态，保持战略上的平常心态”。2014年11月10日，习近平在亚太经合组织（APEC）工商领导人峰会上所作的题为《谋求持久发展　共筑亚太梦想》的主旨演讲中，较系统地阐述了中国经济新常态问题，认为中国经济呈现出新常态的主要特点是:“从高速增长转为中高速增长”“经济结构不断优化升级”“从要素驱动、投资驱动转向创新驱动”。新常态将给中国带来新的发展机遇：经济增速虽然放缓，但无论是速度还是体量，在全球也是名列前茅的；经济增长更趋平稳，增长动力更为多元；经济结构优化升级，发展前景更加稳定；政府大力简政放权，市场活力进一步释放。这是与30多年前改革开放时期相比照而论述的当前和未来一个时期的经济发展新常态。我们还可以进一步将视野延伸到更久远的历史，即从中国近代以来的经济发展走势来认识当前的经济发展新常态的时代方位及其基本特征。

中国近现代的历史处于人类发展工业化的大背景下，迄今为止的这100多年，也是中国工业化进程非常具有“戏剧性”阶段变化的时期。若不求严格，可以将这100多年的历史大致划分为四个阶段：工业化萌发（1912—1949年）、工业化初期（20世纪50—70年代）、工业化加速（20世纪80年代—2012年）和工业化深化（2013—21世纪中叶）。每一历史阶段的时长都在 30 年左右（见表 6）。各个历史阶段都有其显著的“常态”特征。

表 6 中国近现代各发展阶段的经济特征概略

时代	1912—1949 年	20 世纪 50—70 年代	20 世纪 80 年代—2012 年	2013—21 世纪中叶	21 世纪中叶—
发展阶段	工业化萌发	工业化初期	工业化加速	工业化深化	后工业化
时代特征	战乱：彷徨探索	苦斗：计划经济	致富：改革开放	富强：国家治理	
社会精神	实业救国	脱困、节俭	“先富起来”	渴望“分享”	多元、包容
价值取向	向物质主义过渡	朴素的物质主义	亢奋的物质主义	权衡的物质主义	后物质主义
行为目标	基本生计	实物产品	收入、财富、GDP	发展、环境保护与可持续	生活质量、自我实现
行为特征	中体西渐	集体主义，自我牺牲	血拼竞争，求快贪大	主张公平，规避风险	辛劳—闲暇平衡、自主
政策意愿	地权革命，维持民生	先生产，后生活	效率优先，兼顾公平	以公平促进效率，法治	遵从民意，福利主义

中国工业化萌发时期可以从民国元年的 1912 年算起，到新中国成立的 1949 年为止，这是寻求民族生存和国家出路的年代。就工业化而言，这一时期主要的社会精神体现为“实业救国”，社会价值取向从保守愚昧向物质主义过渡，即开始更加关注于追求物质成就。西方先行的工业化国家成为中国觉醒者追求救国目标的参照标杆，强烈地激发了中国社会的“求强”意识。因而社会的行为特征表现为“中体西渐”，即倾向于认为既然西方先进于中国，那么，中国就必须向西方学习，发展科学、技术以至民主制度，即使是模仿西方也算是进步和时尚。那时，由于中国经济的极度落后，可以追求的经济目标只能是基本生计：不饿死人就算是莫大的幸运。而那时最基本的政策意愿则是地权革命和维持民生：孙中山提出“平均地权”，共产党主张“打土豪，分田地”。首先关注的是作为“财富之母”的土地。

中国工业化初期或者工业化起步时期，一般认为是从 1949 年新中国成立开始，到 20 世纪 70 年代末。这是期望以计划经济的方式，通过艰苦奋斗，赶超发达国家的年代。这一时期的社会精神是力图摆脱“一穷二白”和以高度节俭为美德。社会价值取向为朴素的物质主义，即以追求实物产量和获取基本的生产生活资料为目标：“以钢为纲”“以粮为纲”。突出的行为特征是集体主义和自我牺牲，代表性的时代口号是大庆油田工人王进喜的名言：“宁可少活 20 年，也要拿下大油田。”这一时期的政策意愿则是“先生产，后生活”。

中国工业化的加速时期从改革开放的 20 世纪 80 年代开始，直到 21 世纪最初的 10 年，可以 2012 年作划分年代。这是改革开放的年代，明确了走社会主义市场经济道路和全面融入全球经济的方向。这一时期的社会精神是“先富起来”，更通俗的说法就是“发家致富”，连共产党员也应“带头致富”。社会价值取向具有典型的物质主义特征，可以称为“亢奋的物质主义”。追求收入和财富的增长，GDP 竞赛几乎成为“压倒一切”的行为目标和“硬道理”。这一时期最突出的经济行为特征就是“血拼竞争”，求快贪大，为此可以不惜付出很高的资源、环境代价。而为社会所接受的政策意愿则是“效率优先，兼顾公平”。

中国工业化的深化时期从 2013 年开始，大约将延续到 21 世纪中叶。这是力求通过全面深化改革实现国家治理体系现代化的时代，就是我们今天所要重点讨论的经济发展的“新常态”时期。这一时期的社会精神将越来越倾向于渴望“分享”。物质成就仍然重要，仍然要“一心一意搞建设”，但物质成果的分配以及非物质性的其他追求也越来越受到重视，甚至可以为此而接受一定程度上降低经济增长速度的代价。这样的价值取向可以称为“权衡的物质主义”，即虽然物质主义时代尚未过去，“富强”仍是主要目标，但后物质主义的价值取向因素正在显现。人们的行为目标不仅要“发展”，而且越来越重视环境质量和发展的可持续性。而行为特征则表现为越来越主张公平正义和规避风险。政策意愿必然转向“以公平促进效率”和以法治保证公平。

预计到21世纪中叶，中国将进入后工业化时代，社会精神将更倾向于多元和包容，社会价值取向将具有显著的后物质主义特征。物质占有欲相对减弱，人们将更加注重追求生活质量和自我实现。行为特征则更注重辛劳—闲暇间的平衡，以及更加强调自主和自决。那时的政策意愿也将更倾向于遵从民意和福利主义。

以上关于中国近现代经济发展各历史阶段的经济特征的简要描述表明，当前所呈现的经济发展新常态的特点具有深刻的历史渊源，是一系列长期性因素所决定的“大时代”“大趋势”“大逻辑”现象，具有“换了人间”的历史转折意义。人们将发现，这似乎正应了中国“三十年河东，三十年河西”的老话。未来的30年尽管是从前30年以至再前30年的往昔走来，继承了前30年以至数百年的历史，但确确实实将是一个有别于以往的新30年。

中国经济发展的新常态处于世界经济的“新全球化”背景中。美国经济学家杰弗里·萨克斯说:“新全球化的‘新’主要在于它将技术突破同地缘政治变迁结合在一起，并由此创造了一个比以往的经济相互联系更加紧密得多的状况。新全球化中最重要的技术突破来自信息、通信和运输方面。新全球化是数字时代的全球化”，“每一代人都面临着如何将效率、公平和可持续发展结合在一起的新鲜挑战。在200年前的西欧和美国，主要挑战是如何促进第一次工业革命并使之人性化；150年前，主要挑战是如何在大工业城市出现人口爆炸的情况下创造一个安全、宜居的都市环境；75年前，主要挑战是如何超越大萧条。如今，我们的主要挑战是如何利用好新的全球化。我们必须找到新的途径，以使在一个十分拥挤且相互联系的世界中生活得更有效率、更公平且更可持续”。

每一个新时代都会面临前一个时代已经解决了其主要挑战之后又产生的新矛盾，问题的解决总是意味着新问题的出现和新矛盾的产生。这就是永无终结的人类发展历史——连续性与间断性的统一：一方面，历史时空具有连续性即继承性和相关性，每一个时代的“常态”都是前一个“常态”的延续，并非绝对的间断；另一方面，历史时空也具有间断性即阶段性和差异性，不同阶段的“常态”又显著地区别于前一个“常态”，而呈现为一个很大程度上崭新的历史时空状态和一系列现象特点。

中国经济发展的新常态并非凭空产生，它是在前 30 年经济发展的“腹胎”中诞生，留下那个时代的印记，也面临着在以往时代取得伟大成就的同时又产生的新挑战和新矛盾，必须有应对新挑战、解决新矛盾的新作为，这就必然表现为社会注意力的明显转移。在美国经济学家塞德希尔 · 穆来纳森和心理学家埃尔德 · 沙菲尔所著《稀缺：我们是如何陷入贫困与忙碌的》一书中写道:“稀缺会俘获我们的注意力，并带来一点点好处：我们能够在应对迫切需求时，做得更好。但从长远的角度看，我们的损失更大：我们会忽视其他需要关注的事项，在生活的其他方面变得不那么有成效。”依此逻辑，历史上曾经发生的极度物质稀缺（极度贫穷）使中国社会走向极为亢奋的物质主义时代，极度专注于物质成就，尤其是对GDP的超常渴望和追求。这是完全可以理解的：稀缺导致对需求物的过高估价，追求稀缺物的心理偏好具有强烈的边际倾向，即高度敏感于其增长速度。但当我们取得了巨大的物质成就后，GDP 规模已经不是大问题，就很快会发现确如塞德希尔 · 穆来纳森和埃尔德 · 沙菲尔所说的那样，由于被稀缺所“俘获”而“忽视了其他需要关注的事项，在生活的其他方面变得不那么有成效”。因此迫切需要“转变发展方式”，要冷却浮躁甚至狂躁的强迫心态，缓解急于求成的心理亢奋，需要更加关注生态环境质量、财富分配平等、公共服务共享以及社会公平正义等正在变得越来越重要的问题。经济学原理和心理学研究均可以说明：稀缺而渴望获得的，总是被高度关注；已经大量获得的，则会适应性贬值。于是，整个社会必将转入一个“新常态”。这可以从另一角度解释：中国在取得了30多年的经济发展巨大成就后，为什么反而产生诸多“不满”，而必须转向新常态，实现新目标。

经济发展新常态下的改革动力

经济发展新常态的特点之一是在各个领域中全面深化改革，并平衡好经济发展的短期和中长期目标的取舍。“稳增长”着眼近期，“调结构”着眼中期，“促改革”着眼长期。但是，着眼于长期的改革，也需有现实的动力源泉，应有激励相容的机制机理。

过去的30多年是中国改革开放的辉煌年代。“发展是硬道理”“时间是金钱，效率是生命”“一部分地区、一部分人先富起来”等时代话语，不仅体现了那个时代经济发展的动力，而且也标示了改革开放的动力源泉。“谁改革谁得利，先改革先获益”是那个时代推进改革的激励相容机理，这可以使改革具有“自发性”动机和基层首创能量。在这样的动力机制下，30多年的改革开放如火如荼，取得巨大成就，但也产生了许多矛盾和问题。因为任何“推动力”都必然有其“副作用”或“后坐力”，任何成就都须付出代价。我们可以将推动前30年改革的动力称为第一级推动力，第一级推动力及其“副作用”见表7。

表 7　中国经济改革的第一级推动力及其“副作用”

改革领域	推动力	副作用
国有企业	趋利化，市场化，建立现代企业制度	下岗分流，垄断地位的私利化，国有企业性质模糊
产业经济	选择性产业政策，差别待遇，激励增长	技术创新不足，产能过剩严重
土地制度	级差设租，以地生财，加快开发	地价扭曲，补偿失序，建设用地耗竭
财税费负	激励超收，相机支出，开发性财政，税费混搭	公共财政薄弱，企业税负、费负沉重
金融体制	银行做大，高管激励	脱离实体经济，资金效率下降，融资成本高企
区域经济	GDP 竞赛，招商引资，行政性“加力”	公共服务不足，地方保护主义
政企关系	归属权改为审批权，亲商政策，积极干预	权力失规，腐败滋生，企业行为扭曲
收入分配	一部分人先富，收入制度参照规范各行其是	收入差距扩大，社会认可度下降
资源环境	有水快流，服从发展，有助于支持价格优势	资源约束，资源诅咒，环境恶化

——关于国有企业改革，基本推动力是趋利化、市场化和建立现代企业制度。使企业成为具有自身利益的经济实体，具有追求利益（利润最大化）的强烈动机。同时，必然有其“副作用”：一些企业关停并转，职工下岗分流，垄断企业依其市场地位而获得自身利益，而且，国有企业的性质和定位模糊化。

——关于产业领域的改革，其推动力是实行差别性和选择性的产业政策，给改革以各种优惠待遇，激励增长，扶优扶强。其“副作用”则是技术创新不足、产能过剩。因为既然有政策优惠可争，扩大产量即可立竿见影获利，为什么要吃力地搞原创性技术创新？

——关于土地制度改革，主要推动力是级差设租，以地生财，加快开发。为了招商引资，可以“零地价”优惠；为了聚财也可以“地王天价”。

只要做足土地文章，就可以解决许多改革和发展难题。这样做的“副作用”当然就是地价、房价高度扭曲，拆迁补偿失序：高价拆迁者一夜致富，低价拆迁者生活无依。建设用地大量开发却未能高效利用：一方面是建设用地开发指标紧缺，似乎土地供应短缺；另一方面却是大量“圈地”“囤地”后的土地和房屋闲置。

——关于财税和行政性收费制度改革，基本的推动力是激励超收，政府财政如同企业般“增收节支”，超收即可相机支出。地方政府竞相运作开发性财政、纳税收费并存混搭。其“副作用”则是：公共财政薄弱，企业税费负担沉重。

——关于金融改革，主要的推动力是：银行做大和高管收入激励。在垄断性很强的金融经济体制中，银行可以坐享巨大的超额利润，曾经被专家判定为“已经技术破产”的国有银行转眼成为世界级的“巨无霸”和高盈利银行。其“副作用”则是金融活动脱离实体经济，自我循环，“自娱自乐”，资金效率低下，资金成本高企。

——关于区域经济改革，主要的推动力是：GDP竞赛，各地竞相招商引资，政府给企业以行政性“加力”。其“副作用”则是：公共服务不足，地方保护主义盛行。

——关于政企关系改革，主要推动力是归属权改为审批权，政府亲商和积极干预有利于获得短期性政绩。其“副作用”则是权力失规，腐败滋生，企业行为扭曲。

——关于收入分配改革，推动力是“一部分地区、一部分人先富起来”，各领域各行业确定收入标准的参照规范各异，基本上是“公有公理，婆有婆理”，垄断性行业与竞争性行业各行其是。其“副作用”是收入差距扩大，对于分配状况的社会认可度下降。

——关于资源环境制度改革，主要推动力是："有水快流"、服从发展、有助于支持价格优势。其"副作用"则是：资源约束、资源诅咒和环境恶化现象日趋严重。

上述各领域改革的"推动力"都有一个基本特点：可以使改革践行者直接获益。也可以说是，改革者倾向于以对自己有利的方案进行改革，"摸着石头过河"实际上是"沿着有利处前行"。这符合激励相容的原理，往往动力强劲。

问题是，改革是制度变革和建设，制度属"公共品"性质。如果改革的动力只是沿着"改革者有利"的方向着力，那就相当于采用"私人品"生产的逻辑进行"公共品"的生产。动力确实是强劲的，但不能确保"公共品"的合意性质。而且有可能导致"公共品"的私利化，不同的人可以据此而获得不同的利益，产生突出的利益冲突现象。在现实中则表现为：在体制改革中可能掺杂一部分人的特殊私利，以致形成既得利益集团；当改革有损于特殊既得利益时会受到特殊既得利益集团的抵制甚至抵抗，使改革遭遇利益藩篱的阻碍。

所谓改革的动力问题，即人们出于何种动机而进行改革和支持改革？前 30 多年的改革动力是"贫穷不是社会主义"，触发改革的心理动机是"脱贫"与"先富"。支持改革的优惠、特殊政策往往具有排他性，即适用于一些人或一些地区，而不适用于其他人和其他地区。改革的推进很大程度上基于"有效冲动"而非周全的"理性权衡"："不争论""大胆突破""敢闯敢试"以及以成效论英雄。这样的改革成为中国经济发展的强有力引擎，成效显著，成果巨大，有目共睹，但也付出了"不平衡、不协调、不可持续"的代价，并形成了一些实力很强、意志顽固的特殊利益集团。更突出的是，存在大量的制度漏洞和权力寻租空间，腐败现象令人吃惊！实际上是形成了一些领域的制度“私地”。因此，经济发展新常态时期的改革需要有推进改革的第二级推动力，即以更适合制度“公共品”生产的逻辑全面深化改革，这就需要有建设制度“公地”的社会动力。

按照这样的“大逻辑”，经济发展新常态下需要相适应的新体制和新机制，新常态下的改革动力将回归公共品逻辑，压缩制度“私地”，最大限度扩大和完善制度“公地”。全面深化改革的目标是国家治理体系和治理能力现代化，而不仅仅是经济体制改革的单兵突进。基本政策取向从效率优先、兼顾公平、激励增长转变为以公平促进效率，以法治保障公平。形成统一开放、公平竞争、有序规范的市场机制，将取代以选择性突破、特殊政策和增长竞赛为基本特征的改革路径。因此，公共品逻辑的改革动力，取代私人品逻辑的改革动力，是改革“常态”的新变化。

从理论上说，改革的推动力可以来源于“集权”“共识”或者“利益”。这大体对应为“顶层设计”“公共决策”和“基层首创”。理想而言，推动改革的进程应是这三种动力的结合，而上述三种改革推动力归根结底都必须基于改革红利，体现为释放推动经济发展的动力。简言之，如果说经济发展的新常态需要新动力，那么，释放经济发展的新动力，也要有实行改革的新动力。如果说，在经济发展新常态下，公平竞争是更持续有效的发展动力，那么，改革的动力问题就是要解决什么样的实现力量能够有意愿推动公平竞争的市场经济体制的形成，使之发挥在市场配置资源中的决定性作用和更好地发挥政府的作用。

改革意愿可能产生于两种缘由：法治精神与创新精神。前者基于“法从理出”的逻辑，即改革动因是形成“合理”的体制，需要“顶层设计”，这样的逻辑一般倾向于“集权式改革”。后者基于“义利权衡”的逻辑，即改革动因是形成“有利”的体制，需要“群众欢迎”，这样的逻辑更倾向于“基层首创式改革”。当然，无论是缘于法治精神的改革意愿还是缘于创新精神的改革意愿，在改革推进时都需要有一定的共识基础，要在“合理”和“有利”两方面取得协调。所以，在经济发展新常态中推进改革，既要有“壮士断腕”的决心和勇气，也不能不谨慎权衡得失，精心谋划，周全部署。

第一，在经济发展新常态下，由于经济增长方式的转变，以及增长速度的减缓，将发生一系列系统性的机制和利益关系变化。因此，改革推进必须平衡“生产导向”与“分配导向”的体制机理。其中，最常见的就是“亲商”和“亲民”的政策权衡，以及鼓励竞争、激励先进与扶助弱势、保障底线的政策权衡。

第二，由于改革红利是改革动力的源泉，所以，改革的实际效应应该直接体现为尽可能扩大改革红利的受益人群面，减少改革代价的承受人群面。改革红利应是具体的和可感受的，而不是抽象的和虚幻的，而且，应有相当程度的获益及时性。理论上说，只有当因改革受益所形成的社会动力明显大于因改革受损所形成的阻力，改革的推进才具有可行性。即使是集权式改革，基于完全合理合法的原则，也必须充分考虑受益与受损的现实利益格局，改革路径即使没有“帕累托改进”的空间，即无法做到在不使任何人受损的条件下使一些人受益，也应遵循利益动力正向性原则，即改革受益的正能量显著大于受损所致的负能量。

第三，审慎对待改革的第一次推动力机制所形成的利益格局，适当承认和保持可接受的既得利益，减少因显著不公平而获取的不可接受的既得利益，坚决遏制和制裁非法获利。反腐获得广泛和强烈的民意支持，是改革突破利益藩篱的强有力正能量，而持续的民意支持还要基于使更多人从改革中获得可以直接感受的切身利益。

第四，改革要积极推动政府、社会、市场关系向适应经济发展新常态的方向转变。尤其是要使“父母官”心态和体制逐渐转变为政府真正承担“公仆”和“裁判员”职能的体制。经济新常态的发展动力基于释放市场和社会的活力，那么，改革的动力也必须来源于让市场的微观主体和广大社会成员成为改革的积极推进者。当前，我们看到一些令人担忧的现象，在一些领域和单位，行政化倾向更趋强化，以“父母官”意识推进改革，改革的“顶层设计”和“规范行为”变成了由行政性系统主导的体制“灌输”（政策语言叫统一“贯彻”）。市场和社会主体成为等待“改革”的被动接受者，改革变成了执行和落实“上级”意图。这是与经济新常态的改革动力逻辑直接相悖的。

第五，体制改革的公共品逻辑决定了改革的动力机制中需要有体现利益中性的“智库”和“第三方评估”机制。由于改革的具体举措必然涉及敏感的利益关系，通常还会有一定的副作用，尽管在全局上充分合理，但也未必对所有的人都同样有利，甚至会使一些人不可避免地受损。所以，需要有相对超脱的“利益不相关方”或“利益非关联者”参与改革决策。这也是改革的第二级动力机制同第一级动力机制相区别的特点之一。

第六，经济发展新常态的一个显著特点是，逐步消除各种垄断现象，尤其是消除行政性垄断，从而形成公平竞争的市场机制，有效发挥市场在资源配置中的决定性作用。而要消除垄断，就必须有比垄断势力更强有力的改革力量，这种改革力量不可能仅仅来源于经济领域。因此，经济体制改革的成功必须基于各领域的全面深化改革，在涉及重大复杂利益的改革上，需要有“政治决定”的决断机制。

“公平—效率”关系的新常态及其创新驱动力

如前所述，前 30 多年的经济发展和改革动力主要基于“先富起来”和“谁改革谁获利”的动力机理，并由亢奋的物质主义所驱动。在刚刚脱离计划经济的改革初期，为了消除计划经济下效率低下和绝对平均主义的痼疾，权且接受和实行了“效率优先，兼顾公平”的政策理念和制度设计思路。尽管这具有一定的历史合理性和现实针对性，也确实取得了解放生产力和推动发展经济的明显成效，但是，这一政策取向毕竟具有很大缺陷和局限性。它不过是在特定历史条件下的一个急于求成的“次优选择”，笔者曾在改革开放初期就撰文指出了这一政策取向可能导致的不良后果。

今天，当中国经济进入了另一个新常态时期，前 30 年的那种“公平—效率”关系就越来越不适合于新的时代了。如果继续以那样的政策取向来发展经济和处理社会关系，将导致难以克服的“不平衡、不协调和不可持续”的现象和社会矛盾。因为，这样的政策取向意味着默认可以牺牲公平的方式来提高效率，既然效率优先，那么，在实践中必然是公平居后，因而往往不惜采取各种可以获得“立竿见影”短期效果的歧视性政策，厚此薄彼，人为制造等级差别，扩大不平衡性。例如，将市场经济的竞争主体区分为“主导”者和“补充”者、受重点保护的和受限制的、可以获得特殊优惠待遇的和无权享受优惠政策的、严格监管的和放松监管的、受“重视”的和不受重视的，等等。

在这样的政策取向下，各类企业都觉得自己处于不公平的地位。国有企业抱怨不能采取非国有企业可以采取的一些竞争手段；非国有企业抱怨不能进入只能允许国有企业进入的领域；外资企业抱怨受到各种限制。大企业抱怨社会负担重、受管制严；小企业则抱怨在土地、资金等方面不能得到一视同仁的对待。

一旦可以通过不公平的方式进行市场竞争和资源争夺，特别是如果这种不公平是体制和政策所造成时，企业就不再有心思和精力进行脚踏实地的技术创新，而必然将更大的精力投向争取优惠待遇和向政府寻租。所以，从长期看，缺乏公平也必然丧失效率，因为它抑制了更多的微观经济主体的活力，扭曲了企业经营决策的方向。其实，当竞争不能公平进行时，要“兼顾公平”也是很困难的。所以，在我们取得了巨大的经济成就时，人民的不公平感却反而越来越强烈了。

我们可以看到，当前经济发展中存在的许多“不平衡、不协调、不可持续”现象都同过度突出“效率优先”的政策取向有直接关系。在前30多年，人们所追求的“效率”主要体现为短期获益，产量大、获利快、收入高。于是，急于求成、做大规模，即“越快越大就越好”成为最重要的业绩诉求和成功标志。政府也将促进“效率”作为主要的政绩目标，具体表现就是，追求更快的GDP增长，更大的企业生产规模，给大企业提供更多的政策“优惠”和大片低价格的土地。这一方面确实助长了经济的高速增长，做大了经济规模，但另一方面也导致了经济结构失衡、产能过剩严重、圈地大量闲置、环境迅速恶化和资源过度开发。总之，以不公平的方式强行追求“效率”，导致对“效率”的片面理解甚至误解，留下严重的副作用和后遗症。

不仅在经济领域，而且在其他领域中采取“效率优先，兼顾公平”的政策取向，也导致了各种难以解决的矛盾。例如，教育领域急于造就“世界一流大学”，以大为“优”，并给“优”者吃偏饭，将更多的公共资源投入少数高校，导致各地中学、小学的办学目标瞄准了向顶尖高校输送尖子学生，于是，地方教育资源向“重点学校”倾斜，使得靠关系和金钱择校等不良现象难以遏制，教学竞争低龄化，导致许多学生产生厌学情绪和失败感，公共教育成为“失败教育”，即以大多数学生的竞争失败（实现不了进国家特别支持的顶尖大学的目标）为代价，制造了少数高分考生。这样的教育体制，不仅是非常不公平地配置公共资源，而且，以高分竞争扼杀了年轻人的创新精神，也并未建成世界一流大学。再如，在医疗领域，政府也将更多的公共资源援助优等（三甲）医院，导致三甲医院人满为患，普通医院却门可罗雀。公办医院与民办医院更是处于不平等的地位，一些所谓“一视同仁”的政策却如同是让“儿童”与“成年人”进行竞争。于是，一方面是“看病难，看病贵”，另一方面却是医疗资源大量闲置。总之，“效率优先，兼顾公平”的政策取向，催生了拔苗助长式的“扶优”政策和政绩工程，强化了“马太效应”的分化作用，既不利于脚踏实地的技术创新和长期持续的效率提高，也无助于公平的实现。

因此，当进入全面深化改革的新时期，政策取向必须逐渐向“以公平促进效率”的方向调整。我们看到，《中共中央关于全面深化改革若干重大问题的决定》中的一个重要表述是，“国家保护各种所有制经济产权和合法利益，保证各种所有制经济依法平等使用生产要素、公开公平公正参与市场竞争、同等受到法律保护，依法监管各种所有制经济。”①其实，市场机制本身具有优胜劣汰的效应，无须政府再人为强化，即政府不必“扶优扶强”，而是应该“扶弱助小”。改变强者和弱者势力相差悬殊状况，让强者面对势均

① 《中共中央关于全面深化改革若干重大问题的决定》，人民出版社2013年版。

力敌的竞争者。这对强者和弱者，包括大中小企业，都有激励创新的积极作用，有助于整体竞争力的提升。

总之，尽管公平与效率确实具有复杂的关系，其中也可能存在某种程度的替代现象（所谓“奥肯定律”）。特别是在短期，这种替代关系往往具有较强的可显示性，使人容易产生鱼和熊掌不可兼得的印象。但是，从长期看，效率与公平具有本质上的一致性。而且，社会主义主张公平正义，市场经济要求公平竞争，两者统一于“公平”，社会主义市场经济的实质要求构建“以公平促进效率，以效率实现公平”的体制机制。因此，无论是要弥补市场缺陷（包括可能导致过大的两极分化），还是要规范市场秩序（维护公平竞争，公平交易），政府的政策取向都必须是构建和培育公平与效率的一致性和互补性，而不是听任甚至人为扩大公平与效率的替代性和对立性。

因此，在经济发展新常态下，最重要的改革方向和政策取向就是要形成“公平—效率”的新常态关系，这是能否实现经济新常态的特征之一“从要素驱动、投资驱动转向创新驱动”的关键。在现实经济中，技术创新有各种类型，一个经济体要形成创新驱动的发展机制就必须形成使尽可能多的大、中、小型各类市场经济主体都能有动力和机会参与技术创新的制度环境，而能够形成这种技术创新动力机制的最有效制度就是公平竞争。在公平竞争的制度下，各类经济主体就能尽力发挥各自的优势，在不同的技术创新领域和分工环节中心无旁骛地专注于技术创新竞争。在这样的经济体中，就可以形成技术创新层出不穷的局面，而不是主要靠政府的“重视”“扶持”“评选”或选择性的产业政策来实现个别领域的技术创新突破。这就如同要提高体育水平，最有效的方式就是鼓励全民参与和进行公平的竞赛，没有任何其他方式可以达到更好的效果。总之，经济发展新常态下的创新驱动就是要消除各产业的进入壁垒和市场垄断势力，让更多的经济主体参与竞争，并在公平的竞争规则下实现全方位的技术创新格局。

经济发展新常态下的行为特征和规则意识

经济新常态实质上也是经济行为的新常态和规则及规则意识的新常态。正是因为经济活动中人和企业的行为方式和行为规则的新变化，才使经济发展呈现新常态，而行为方式和行为规则的新变化又总是伴随着人们价值观念和规则意识的相应变化，即人们关于“何为重要”和“应该如何”的价值选择的优先顺序发生重大变化。可以观察和感受到的显著事实是，改革开放以来的30多年同此前的30年相比，中国人的价值观和行为方式发生了极大的变化，几乎判若两种社会。今天，中国又一次进入了重大历史转折期，在经济发展新常态中，我们将越来越明显地观察和感受到中国社会的价值选择、行为特征和规则意识的一系列新常态现象。仅就经济领域而言，将会体现在以下方面：

第一，重法治意识。随着市场“决定性作用”的日益强化和显现，“市场经济是法治经济”的观念将越来越为社会接受和遵从。在经济发展新常态下，人治因素逐渐减弱，尊重法规的意识不断增强，要求依法治国、依法经营、依法办事、依法管制，将成为观念、行为和规则新常态的突出表现。重法治意味着重“程序正义”和重“过程管理”，经济发展新常态下，政府实行“无法律授权则不可为”的行为规则，公民和企业实行“无法律禁止皆可为”的行为规则。政府不能以“办好事”和“结果有效”为由就无授权乱作为，也不能以任何借口在执行法律授权的事务中懒于作为。而公民和企业则可以在法律未禁止的领域进行经济活动和各种创新。经济发展新常态将以法治规范下的微观经济更趋活跃为显著特点，与重法治意识直接相关的必然是更多普通百姓公民权利意识的彰显。人权、财产权、知情权、表达权、共享权、参与权等公民权利，将从纸文走到现实，从抽象原则变为具体行为。公民权利意识的彰显意味着市场经济基础的巩固，也意味着法治经济的逐步形成。在此基础上才能最终实现法治经济的理想状态：一方面，必须“将权力关进笼子里”，不得交易；另一方面，也必须“将市场管在正道上”，不可脱轨。这样，权力不可为所欲为，市场不得超出领地，双方均不越界，市场经济才能发挥其有效配置资源和持续推动经济社会发展的最大积极作用。

第二，透明度意识。中国社会在传统上具有“弱明文性”的特点，即许多“规矩”是没有明确和正式的书面文字（法律文件）表达的，往往“只可意会不可言传”，因此，“潜规则”盛行，信息高度不对称现象十分普遍，并被视为“正常”。例如，在经济活动中普遍实行的行政审批过程中，权利不对等，程序不透明；各种“文件”总是规定只能由一定级别的人查阅，超越范围阅读就是“泄密”，属犯罪行为。即使是公开法律，也往往有属于保密范围的红头文件规定执行细则。而在经济发展新常态下，经济活动尤其是政企关系中的透明度意识将愈渐强烈。要求公开透明将成为强烈民意，即人们要求：政府政务、企业行为、职业操守等均应提高透明度，放在阳光下。现代信息技术的发展和运用也将有效地助推经济活动和政府行政透明度的提高。这样，中国“弱明文性”的传统将被改观，潜规则显性化，逐步做到凡规矩则明文。这样，社会的低信任度将被高透明度所抵充和弥补，从而达到以增强透明度来提高自律性和文明度的效果。甚至“透明度就是竞争力”也是一种新常态，“透明者强，掩盖者亡”将成为一种常规的竞争手段。

第三，非歧视意识。经济新常态趋向于形成统一开放、竞争有序的市场体系新格局。这样的市场体系应具有主体权利平等、参与机会均等的基本特征。因此，各种身份歧视现象均不符合公正的市场竞争原则。在经济发展新常态下，城乡居民户籍歧视、就业性别年龄歧视、公共服务身份歧视、公务消费等级歧视等现象将为社会诟病。“公平考试”和“公开竞岗”等非歧视制度将成为人力资源配置的主要方式，以“择优录用”和“职业特点”为由的歧视性用人标准将日益受到限制。

第四，新关系意识。重视人际关系是一个突出的中国传统特色。办事先找“关系”，成事依赖“关系”，几乎成为一种思维定式。人们相信，有关系和没关系结果大不相同。因此，经济活动中如何“打通”关系、“润滑”关系，成为投放和耗费人力、精力、财力的极大“交易成本”，有经济学家干脆称之为“关系税”或“腐败税”，即在办事时必须支出的一种特殊的“租税”，具有“润滑”关系的作用。这样的现象在经济新常态下将发生很大的变化。在中国文化氛围中，完全不讲“关系”恐怕不符合一般人思维，没有“礼尚往来”被视为“不食人间烟火”，“不粘锅”者通常难成大业，而且，互联网的发展大规模地扩展了社交关系网络，关系现象无处不在。但在经济发展新常态下，以腐败方式“润滑”关系则不为法纪所允许。随着“腐败”空间被压缩，新的关系意识和人际沟通方式将摆脱“权钱交易”的强腐败桎梏，简化关系沟通方式，减少“润滑”关系的交易成本，形成“关系营销”的新常态。这是中国经济中的一个虽然难以明言，却影响深刻的现象，在经济发展新常态下将会有广泛而深远的变化。

第五，去等级意识。庞大而较有效率的政府行政系统曾是中国两千多年来所形成的最显著“中国特色”或“中国国情”之一。即使是30多年的市场经济发展和财富增长也没有动摇行政等级的权位。行政级别仍然是衡量身份地位的"一般等价物"。在未来更强调社会公平正义，以及市场发挥资源配置的决定性作用的经济新常态下，中国经济有可能会开始形成去等级化的趋势，尽管短期内不可能完全消除。因为泛行政等级现象已经走到它的反面，导致等级"通胀"现象，即行政等级贬值。特别是如果通过全面深化改革，确实"把权力关进笼子里"，行政等级的"权力幻觉"和"牟利想象"空间将大大弱化，加速权力净化和等级贬值。这样，行政等级意识干扰市场公平竞争的现象将逐渐减少，这可能成为经济发展新常态的又一个深刻变化。

第六，合理成本意识。可以预期，在经济发展新常态下，人们的成本/绩效观念将发生很大变化。如果说在过去的30多年，为达某项目的可以"不惜一切代价"，血拼竞争。那么，在经济发展新常态下，没有什么是可以"不惜一切代价"的。社会必须权衡利弊，才可审慎决策；个人也得掂量得失，才会决定付出，这是社会从"亢奋的物质主义"转向"权衡的物质主义"的一个突出的行为方式和规则意识变化：发展不能恶化环境，工作不会不讲待遇，征地必须合理补偿，辛劳得有假期休闲，奋斗也要生活质量，优胜劣汰也不能没有安全保障……总之，社会行为方式和行为规则将变得精于权衡，规避风险，该付出的成本就得付出，不该付出的成本必须节俭，不要过度指望"动员性"和"运动式"的冲动效果，更要依赖"可复制""可推广""可持续"的常规体制。要有实现发展目标的雄心，也得有持久战略的平常心，任何政策举措都不能不顾将会付出的代价和可能承受的风险，必须避免发生重大的"颠覆性错误"，这也将成为经济发展新常态下经济发展战略思维的一个显著特点。

经济发展新常态下的战略思维

经济新常态不仅是一种客观形势，而且是一种战略思维和战略心态，即以何种主观意识来判定经济态势的正常和合意与否。在经济发展的新常态下，社会心理会更具战略平常心，更倾向于长期理性、公共思维和持久耐心。这也许是一个不易做出“立竿见影”“惊天动地”的辉煌政绩的时代，却可以获得国泰民安的长久昌盛，在可持续发展的道路上一步一个脚印地实现中国复兴之梦。

——长期理性。意味着改变短期理性的急功近利心态，以更长远的眼界和视野来观察世界、判断成效和评价政绩。对世界上任何事物和人类成就的价值评估都是以一定的时期或坐标时点为前提的，近期内评价高的业绩成就未必长期价值也很高，甚至可能是未来的损失（负值）。相反，今天只是“润物细雨”的努力很可能会功效长久和造福后代，战略心态决定了战略眼界的时间定位。如果说，在前 30 年由于面对可能“被开除球籍”的贫困落后压力，必须“只争朝夕”地争取现时现报的成就和获益，那么，在中国已经获得了巨大的物质成就后，有条件以更长远的眼界来构想未来的经济新常态下，就可以平下心来，谋划中华民族伟大复兴的世纪战略。例如，“一路一带”战略，绝非一时成效之策，而是长期理性思维勾画出的世纪战略和中华民族复兴之道。

——公共思维。意味着改变急求小利而不谋大局、重利己而不思利他的狭隘心理。改革原本是全社会的公共事业，为了构建公共制度空间，但如果缺乏公共思维而以局部利益驱动改革，很可能成为狭隘的逐利行为，甚至以操纵“改革”来设租寻租：“有利于我就改，无利于我就抵制”“守权有责，垄断牟利”。所谓改革的“思想障碍”和“利益藩篱”实质上就是谋改革却缺乏公共思维，将制度“公共品”据为利益“私人品”，将制度“公地”割据为利己“私地”。从本质上说，正确的改革不可能是“经济人”的产物。美国哲学家和伦理学家约翰·罗尔斯主张，正义的制度应是“无知之幕”下的产物，即人们只有在不知道自己的私利所在的条件下才能安排符合正义精神的社会制度，这似乎过于理想化而缺乏现实可行性。但是，至少在顶层决策上遵从公共思维的逻辑，确实是实现社会公平正义，尤其是进行社会制度改革，建立体现公平正义精神的体制机制所不可缺少的必要前提。一个只有自利行为而没有公共意识的“经济人”社会，即使是在逻辑上也难确立能够完成合意改革的理由。正如美国学者埃里希·弗洛姆于 1976 年出版的《占有还是存在》一书中所说，工业化时代“在人类历史上第一次出现这样的情况，即人类肉体上的生存取决于人能否从根本上改变自己的心灵。只有在经济和社会发生深刻变革的情况下，人的‘心’才会转变。因为经济和社会的变革使人有机会去转变以及获得为达到这种转变所需要的勇气和想象力”。而所谓“心”的转变，就是从利己思维转变为公共思维。总之，在经济发展的新常态下实现全面深化改革的目标，公共思维、大局观念、社会理性等超越自利动机的社会意识和人类智慧将具有越来越重要的意义。

——持续耐心。意味着克服轻浅浮躁、求快贪大、“栽树不如搬树”、“育人不如借人”的揠苗助长心态。要认识到，有些发展过程可以加快，适度“压缩”，但必经的阶段难以略过；有些业绩可以竞速获取，但必须依靠长期积累才能获得的成就不能不“慢工细活”。中国前 30 多年的发展，具有“加速追赶”的性质，主要依赖模仿性创新，确有可能“快鱼吃慢鱼”“只争朝夕”。但在经济发展的新常态下，增长动力更多依靠全方位的原创性创新，就更需要有执着持续和“甘于寂寞”的不懈努力。中国经济创新驱动力不足最大的障碍不是缺乏资源和技术源泉，而是缺乏持续的耐心，急功近利，见异思迁，甚至以投机取巧、抄袭取胜为荣。明明落后数十上百年，却认为可以与发达国家“站在同一起跑线”。以为创新就是“爆发”，可以平地而起，一夜间就能“成效巨大”；只要通过“资本运作”就可以进入“500 强”行列；不够大可以合并，以规模论英雄，而且，速成者最受推崇。这种心态是技术创新之大敌。中国经济发展如果要转向创新驱动，就必须培育创新的耐心和执着。“路遥知马力，日久见人心”才是原创性技术创新的基本逻辑。创新未必每次成功，失败也是创新的一种“常态”。没有千千万万的创业创新的失败者，就不可能有成功创新的辉煌。如果以为政府可以选择可能成功者，给予特殊政策优惠，供应“小灶偏饭”，就能扶持其快速成功，实际上就是以揠苗助长的急切心态在毁坏大众创新的环境。我们可以看到，世界上凡是创新型国家必定是视创新为“平常”的国家，政府不轻易实行选择性政策，不主观判定输赢，但却是各类创新成果层出不穷的国家，也是创新行为极具韧性耐力的国家，通常并无社会急不可耐地翘首以待其尽快成功的创新项目。既然是大众创新万众创造，创新活动成为经济常态，那么，创新必不为稀罕之事，不是非常的惊世之举。有研究表明，人类历史上发生的重大技术创新，都是科技“生命体”进化过程中的必然产物，而不是某个天才发明家突发奇想的结果。技术进步的连续性远远强于其间断性，继承性强于其革命性。就如同生物体的生命进化，技术革命实际上是长期创造性过程中由技术积累所导致的技术进步和重大突破的“涌现”阶段。技术创新活动及其成果的基本特征是持续耐久的，而不是偶然突发的。因此，在一定意义上可以说，创新的平常心是创新的耐久力的基础，支撑着大众创新的社会环境。这也应成为国家创新政策的理念基础：主要以促进公平竞争和普惠政策的方式激励原创性技术创新，而非主要靠政府选择创新项目并给予特殊优惠来追求“短促突击”式的创新表现。因为破坏公平竞争就是鼓励投机取巧，销蚀创新耐心，扭曲创新方向。创新型国家需要全民族的持续耐心和长期专注精神。这是经济发展新常态下，能否实现创新驱动的一个深刻问题。

总之，正在形成中的中国经济发展新常态是在经历了30多年的高速增长、规模扩张和GDP竞赛，摆脱了中国极度物质贫乏和活力不足的状况，获得了巨大成就，同时也产生了一系列“不平衡、不协调、不可持续”现象的经济发展阶段之后，进入了以中高速增长、结构调整、创新驱动、素质提升和公平分享为主要特征的新的经济发展阶段，这是中华民族实现伟大复兴过程中的一个更需要历史耐心和持续奋斗的年代。在经济发展新常态下，国家发展将更加体现战略思维的“平常心态”：长远眼界、长效目标和长治久安。

如何对待换挡期的经济发展新常态

*

国务院发展研究中心宏观部研究员

张立群

从 2003 年以来 GDP 的增长数据来看，我们可以明显看到一个增幅换挡。其中，2003—2007 年中国经济一直是两位数的高增长。但在“十二五”规划期间，2011 年我们的 GDP 增长是 9.3%，2012 年增长是 7.7%，2013 年增长是 7.7%，2014 年增长是 7.4%，已经转换到 7% 左右的一位数中高速增长。所以，换挡实际上就是我们讲的经济新常态的一个重要特点。经济从高增长转为中高增长，背后有一系列深刻的原因，认识这些原因，了解这个变化，对认识新常态很重要。下面，我就围绕增速换挡、经济新常态的出现，谈一些自己的研究和认识。

换挡是经济新常态的重要特点

增速换挡，我认为主要是两个方面的原因：从外部来看，就是2008年开始的国际金融危机，它的一个直接后果就是终结了世界经济的长期繁荣；从国内来看，我们国内的发展条件出现了深刻的变化，就是城镇化开始遇到一定的瓶颈。2014年中央经济工作会议也提到，中国经济发展的国内、国外环境和条件，都发生了深刻变化。而这个深刻变化正是导致增速换挡的主要原因。

外需对中国经济增长的拉动力度减弱

从20世纪90年代中期之后，世界经济持续地处于繁荣状态，先是生物技术、信息技术革命所推动的繁荣和高涨。之后，在本世纪初，大概从2001年开始，美国金融创新带来了新一轮的繁荣和高涨。但是，金融创新和技术革命的结果是不一样的：技术革命创造了很多新的产业和市场需求，推动了社会生产规模、经济规模、就业规模、人民各种消费规模的扩大。但是，金融创新只是把借钱的链条延长了，把借钱的方法创新了，从而让大家更积极踊跃地相互借钱。这个链条延长导致了各种市场需求的扩大，但由于这些需求扩大所支持的经济扩张基础不稳固，实际上也成为金融危机的一个最主要的根据。

既然债务链条非常长，一旦这些债务链条出现断裂，后果就非常严重。所以2006年，当美联储迫于通货膨胀压力，开始全面加息，收紧银根时，就引发了次级抵押贷款的危机。次级抵押贷款其实是一种很宽松的调控，就是把钱借给你买房，然后零首付，你就可以从银行拿走全部借款，只要把房作抵押就行。从银行角度来看，这种借钱方法没什么风险，因为美国的房价在上涨，有住房作抵押，银行的本金不会有问题，再加上利息，银行的借款是有回报的。在这种情况下，次级抵押贷款发展很快，而且有一些次级抵押贷款只还利息，不要求还本金。因此，这种借钱方法，非常宽松和吸引人，加上美国长时间实行低利率，如果只支付利息，则使用银行的钱的负担非常轻松，只需拿很少的月供，就可以用银行很大一笔钱。

由于这种创新所导致的借钱条件太过优惠，美国穷人都去买房。但是，当美联储持续地提高利率之后（因为提高利率就会控制货币需求的增长，控制通货膨胀。像 2006 年原油的价格每桶超过 140 美元，各种食品价格跟着原油价格上涨。由于油价一旦超过每桶 60 美元，生物能源就有利可图。这时甜菜、玉米、甘蔗的种植面积会迅速扩大，挤压粮食的种植面积，导致粮价上涨，所以这种问题必然导致美联储要在货币政策上作调整），对于穷人来说，月供压力就会增大，他支付不了，次级抵押贷款就无法继续，结果就是把房子还给银行。从银行角度来看，原来带来月供收入的贷款，现在变成不能带来任何收入而且随着房价的下降还在贬值的房产，银行开始遇到经营困难。

从美国两大房贷机构房利美（联邦国民抵押贷款协会）和房地美（联邦住宅贷款抵押公司）来看，次级抵押贷款越来越多地变成了住房，而发放这些按揭贷款的资金是通过销售美国的两房债券来取得的。两房债券有不少是各国政府持有的，要按时还本付息。但现在银行借出去的钱链条开始出现问题，钱都变成了住房，不能再带来收入，而且本金可能都开始出现了问题，借的两房债还得按时还本付息，不能违约，所以这两大房贷公司就开始入不敷出，陷入困境，提出破产申请。如果这两大房贷公司破产，金融体系将受到非常大的冲击。金融创新很重要的一个线索，就是沿着按揭贷款来发展，然后以按揭贷款为抵押做成的各种保障来设计新的金融债券，而金融债券的宣传就是以美国的两房债作抵押、作担保的，有了两房债作担保，金融债就不会出问题。所以，如果两大房贷公司破产，多个层级金融债的市场信用会崩溃，结果就是大家谁都不敢沾债券的边，造成债券无法流动，如果哪个金融机构拿着这些债券，它就会出现巨大损失。这个涉及面非常广，如果任其发展，最后就会形成社会信用体系的坍塌。大家会认为借钱是一件很可怕的事情，把钱存在银行，实际上就是把钱借给银行，结果银行出现巨大亏损，拿存款去购买金融债，金融债一旦出现亏损，存款也就打水漂了。所以这个时候，人们就不敢把钱存到银行，当时就出现一种情况叫“现金为王”，就是我挣了钱，我既不存银行，也不买股票，也不去买各种债券，以现金的形式拿在手里边是最保险的，最好把现金换成黄金最保值。

所谓金融产业，就是用信用支撑起来的，大家都相信借钱给别人是有回报的，是可信任的。如果大家都不信任，认为借钱给别人是一种高风险的活动，那金融就不存在了。金融一旦不存在，整个现代经济将会受到沉重的打击，因为各个企业的生产经营和项目建设，都离不开融资，金融产业消失了，企业无法筹措资金，整个制造业、服务业等实体经济就会出现全面的衰退，这无异于再次出现1929—1933年世界经济大危机。当时就是因为相信市场这只看不见的手，只按照市场规则，该扩展就扩展，该退出就退出，结果出现社会信用体系的坍塌，导致整个实体经济的大幅度向下调整，出现大量的失业。

所以，金融创新带来了一场深刻的危机，这个危机从2008年开始就比较明显地显现出来了，直接结果就是终结了世界经济10年以上的繁荣，从而对我们的外贸出口也带来了深刻的影响。2003—2007年，我们的外贸出口年均增长 29.2%，但是国际金融危机之后，2008—2013 年，我们的外贸出口年均增长只有 9.08%，2014 年外贸出口增长按美元计算只有 6.1%。所以，外需的贡献对中国经济增长的拉动力度是明显减弱的，现在的这个增速换挡有一定的客观必然性。

大城市为主导的城镇化制约国内经济发展

到目前为止，我们的城镇化都是以大城市为主导，当然这个原因是多种多样的。比如说，大城市政府财力相对比较雄厚，基本公共服务做得比中小城市要好。北京的教育、医疗卫生、保障性住房等基本公共服务水平，都比河北的城市要高。另外，北京的基础设施配套水平，相对河北的城市也较高。这种情况下，如果有条件，企业肯定先到北京来，而不是首选河北的城市。因为在北京市，企业的发展成本、物流成本、市场开发成本，包括各类人才的吸收成本相对都比较低。因此，人口就必然向大城市集中。所以在这种背景下，我们发现，中国现在城镇人口是 7.4 亿多人，主要集中在几十个大城市，像北京、上海叫超大城市，还有一些大城市。那么问题就出来了，就是大城市装不下，承载不动了。

对汽车市场的发展制约

具体的表现像北京的堵车，2 000 多万人口都集中在有限的城区，大家都开车、买车，肯定会导致道路交通承载能力出现严重不足，靠修路肯定解决不了，在有限的区域内，城市对汽车的承载量，有一个饱和点。在这种情况下，北京市政府只好限制购买、限制使用，也就是我们讲的摇号和限行。这种情况在大城市越来越多，包括天津、上海、重庆等，结果就是汽车市场的发展受到限制。

所以，最近几年汽车市场的增长明显减慢。2002—2010年，汽车销量年均增长24%，2012年比上一年增长只有4.1%，2013年比上年有所增长，但也只有13.9%，2014年又下跌到8%左右。虽然在2013年，汽车企业曾经一度去开拓三四五六线城市市场，也取得了一定成绩，但是很快发现，这些地方人气不足，基础设施承载能力也不足。所以在这种情况下，大城市主导的城镇化模式的瓶颈制约之一，就是汽车市场的发展，现在开始减慢了。

对房地产市场的影响

北京市房地产发展的人气足够旺，要不限购，北京的房价很难稳住。即便限购，北京市刚性的买房需求和改善性的买房需求（买第二套房子）还是在增长。据统计，北京市2014年的人口是2 146万，还有800万人左右没有申请暂住证，估算起来北京总人口接近3 000万。在这一背景下，北京的居住压力非常大。

但是，北京市的建房土地供应越来越不足。如果现在北京的规划没有大的调整，还是“摊大饼”式的发展模式，显然难以持续，原因就是，比如你住在六环附近，在市内上班，路上的时间消耗太多。在这种情况下，必须得有一些独立的区域，把工作、上学、医疗、居住统一起来，就是我们讲的卫星城。因此，规划要考虑长远，在这些问题没解决之前，北京的供地紧张，将是一个长期趋势。因为人口在增加，但可建房的土地越来越少，好的地块也越来越少，而开发商是跟着人气走的，人在哪，房子盖到哪，不然就没人买。过去几年在三四线城市的造城运动，现在房子都积压着，开发商也很明白，所以2013年重返大城市。但是在大城市，并不是哪个开发商都能拿到地，因此房地产市场就开始出现调整，一些拿不到地的开发商慢慢就要撤出去，实际上就是房地产发展的速度在减慢。

对消费结构升级的影响

大城市的瓶颈制约，首先对以住行为主的消费结构升级带来直接的影响。比如，汽车、房地产业的发展一旦减速，必然会传导给重化工业、水泥、钢铁、有色金属、石化原材料、工程机械、房屋装修等行业。如果大城市的平台不能够支撑市场的扩大以及工业化的进一步发展，就会在需求方面表现出来。外需的水平降下来了，内需的水平最近几年也在下降，内需最重要的一个拉动因素，就是房地产和汽车。这两个市场的发展最近几年在明显减速，2002—2009 年商品房的销售面积年均增长 19.8%，但是到 2010 年以后，大概年均增长只有 5.1%。现在从北京来看，尽管我们在努力地进行城市建设，增加供地，但是商品房销售面积的增长速度下降很快，所以在这种情况下，增速换挡有其客观必然性。

我们现在解决城镇化的问题，要走信息城镇化道路，就是以城市群为主体形态来取代大城市主导形态，这样承载能力会大幅度提高。但是，城市群的功能不是一朝一夕就建立起来的，要让大城市、中小城市形成一个系统，首先基础设施要互联互通，进行大规模建设，不仅包括地上，还包括地下。我们过去重地上，轻地下，地下欠账很多，这个补课的任务非常重。

另外就是基本公共服务，和北京相联系的河北，它的教育、医疗水平和北京要能够均衡化，也不是一朝一夕所能解决的，需要很多机制性的调整，谁拿钱？怎么做？怎么样能够让水平提高？有很多问题需要探索，包括政府职能转变，包括基本公共服务职能在改革中逐步上移，由中央财政来承担更多的责任，这些都需要时间。在这个过程中，增速换挡也有它的客观必然性。

换挡期的经济新常态挑战与机遇并存

从增速换挡这个角度来理解经济的新常态，既包含着挑战，也包含着机遇。

挑战很明显，就是市场需求不足。从企业来看，订单不好找，成本压力加大，比如劳动力成本提高，土地、水等资源价格提高，矿产资源价格，包括污染排放的收费标准，都比过去提高了。所以，过去那种只要能够快速扩大规模把产品很快生产出来，就能够获得利润的发展方式走不下去了，大家都感觉到经济不景气。

但是也要看到机遇。中国经济面临着由数量主导发展的阶段向素质提高主导的阶段转变，这对中国经济非常关键。

过去的发展有着不协调、不平衡、不可持续的深刻矛盾。比如修桥，不到 10 年就垮掉了，盖的楼房使用寿命很多都达不到设计要求。“楼脆脆”“楼碰碰”“楼靠靠”，这些情况不断地见诸媒体。再比如说，北京现在 80 年代的房子都变成需要改造的，从这个角度看，我们发展得快，但是发展形成的产品或质量不行，那我们想留住乡愁谈何容易？在欧洲，很多房子都是 100 年以上的，那当然有乡愁，我们的房子，20 多年就要拆掉、改造，能留住什么乡愁？所以这种发展方式，就是在大量地消耗资源、投入劳动，最终严重影响环境。中国有十几亿人口，让十几亿中国人都过上发达国家的好日子，靠低水平的数量扩张，显然不能实现这个目标，因为资源、环境承受不了这种低水平的建设，你可以解决人们“有没有”的需求，但要进一步地解决“好不好”，是无能为力的。

说中国经济有机遇，就是我们具备了一个条件，可以改变我们过去发展的特点。经济增速换挡之后，随着市场竞争的加剧，倒逼企业转型的条件开始形成。所谓倒逼，很重要的就是当需求水平下降之后，供求关系就会改变。现在我们看到的，是普遍的供大于求和产能过剩，这从企业角度来看是坏事，但是从转型角度来看，在一定意义上是好事。过去供不应求，企业千方百计求快，不可能向做好的方向去努力，现在不一样了，东西多了，市场的选择性提高，大家必然要挑一挑，挑的标准就是产品的性价比。企业要做到价格更便宜，质量更优，就必须强调质量效益。只有不断地在质量上下功夫，产品的性能和品质才能更优。另外，只有当企业不断地加强成本管理，让投入和消耗下降，价格才能便宜。所以做到又好又便宜，对于企业就是一个深刻的转型，这就是市场的倒逼机制。所以，中国经济发展从这个角度来看，面临着重大的机遇。特别是现在成本压力加大，劳动工资提高，资金成本提高，土地价格提高，污染排放收费标准提高，要发展，要提高劳动生产率，就必须在技术贡献度的提高上下功夫，在整个投入的严格管理上下功夫，在控制污染排放上下功夫……这些都是在增速换挡之后，所形成的新的市场环境下的倒逼压力，而这个倒逼压力，恰恰有助于从过去的数量扩张发展方式转到素质提高的发展方式。

只有这样，我们的现代化才能够展现出更为光明的前景。中国人不光要靠规模扩大让世人瞩目，还要依靠素质提高让世界瞩目。当中国有像日本和德国的制造水平，有像美国的创新能力，中国在世界上就是一流强国了。要做到这一点，我们就要适应新常态，引领新常态，只有适应了现在的中高速增长、竞争加剧、成本压力加大的新环境，我们才能够获得长远的发展机会。当所有的企业都完成了这种适应，中国经济也就从数量扩张型转到了素质提高、清洁生产主导型。这个过程虽然痛苦，但也给我们带来了一个更加光明的未来，一个非常重大的机遇。

稳中求进，保持经济在合理区间运行

在这个背景下，我们强调“要主动适应和引领经济发展新常态，坚持稳中求进工作总基调，保持经济运行在合理区间”。着力提高经济发展质量和效益，把转方式、调结构放到更加重要的位置，狠抓改革攻坚，突出创新驱动，强化风险防控，加强民生保障，处理好改革发展稳定的关系，然后全面推进社会主义经济建设、政治建设、文化建设、社会建设、生态文明建设，促进经济平稳健康发展和社会和谐稳定，这是 2015 年《政府工作报告》对经济工作的基本大政方针。[①]

这个大政方针包含的内容非常丰富。比如，主动适应和引领经济发展新常态，这是一个大概念、大逻辑。我刚才给大家讲新常态的一个基本框架，就是要真正把发展从数量主导向素质主导转变，强调适应和引领经济发展的新常态，不要试图从中高速增长很快变成高增长，对企业来说，就是主动挑战困难，应对困难，化解困难，在这个过程中找到新的发展出路。

我想“坚持稳中求进的工作总基调”，恰恰是党中央、国务院对中国经济发展阶段性变化逐步认识和适应的过程。在这个过程中，“稳”在过去几年的具体表现，就是不要让经济增速换挡出现断崖式的下跌，因为中国改革到现在已经 30 多年，市场作用对经济活动影响巨大，一旦政府在增速换挡期把握不好，就可能引发危机。所以，换挡要尽可能平稳，不要出现剧烈波动。

① 李克强，《政府工作报告：2015 年 3 月 5 日在第十二届全国人民代表大会第三次会议上》，人民出版社 2015 年版。

当前在强调“稳”的政策安排当中，围绕“稳”也作了一些安排和部署。比如，国内生产总值增长预期目标 7%左右，仍然强调要有一定的增长，不是说增速换挡就完全不关注经济增长，只把重点放在转方式、调结构上，这种认识是不全面的。

李克强总理在 2015 年《政府工作报告》当中也强调:“中国是世界上最大的发展中国家，仍处于并将长期处于社会主义初级阶段，发展是硬道理。”中国要改变发展中国家的现状，逐步地完成从社会主义初级阶段向高级阶段的过渡，根本出路在于坚持发展。我们化解各种矛盾和风险，跨越中等收入陷阱，实现现代化，根本上也要靠发展。2020 年我们要全面建成小康社会，人均GDP要翻一番，没有一定的增长怎么能够实现，所以保持一定的增长速度非常重要。

2015 年我们的经济增速和上一年度相比有所下调，2014 年GDP的实际增长是 7.4%，2015 年预估为 7%左右，但完成 7%的目标也不容易，因为我们的经济体量大了，增加 7%左右，名义GDP绝对量大概就是 4 万多亿人民币，将近 7 千亿美元，相当于一个中等国家的经济总量，不经过努力实现不了。所以，稳增长，从 2015 年来看，仍然是政府宏观调控的一个重要任务。

围绕这个重要任务，我们作出了要稳定和完善宏观经济政策的总体安排。李克强总理在《政府工作报告》里谈到“稳政策稳预期和促改革调结构相结合”。一个是要稳增长，一个是要调结构：稳增长主要是稳政策、稳预期，从中低端向中高端迈进，要通过改革和调结构来实现。这里边围绕稳增长很明确地提出来，就是稳定和完善宏观经济政策，包括“继续实施积极的财政政策和稳健的货币政策，更加注重预调微调，更加注重定向调控，用好增量，盘活存量，重点支持薄弱环节。以微观活力支撑宏观稳定，以供给创新带动需求扩大，以结构调整促进总量平衡，确保经济运行在合理区间”。这个安排我想在稳增长方面讲得很清楚，主要表现在以下方面：

改造传统引擎：以供给创新带动需求扩大

首先我们看积极的财政政策。李克强总理讲的“双引擎”，一个就是改造我们的传统引擎，就是我们政府主导的投资，像过去的政绩工程，当年来看确实也有效地扩大投资、扩大需求了，但是从长远来看，它可能会带来很多包袱，带来很多无效的社会劳动。因此，这次强调要围绕公共产品、公共服务、基础设施建设来重点展开，以扩大供给，补齐短板。所以，2015 年围绕着公共产品的有效投资，在《政府工作报告》当中也作了很明确的部署，主要是“棚户区和危房改造，城市地下管网等民生项目建设；中西部铁路和公路、内河航道等重大交通项目；水利、高标准农田等农业项目；信息、电力、油气等重大网络项目建设；清洁能源，油气矿产资源保障项目；传统产业技术改造等项目；节能环保和生态建设项目”，对改造传统引擎的着力点作了很清晰的安排和部署。

这个安排和部署，我的理解就是，首先要科学地面向未来——政府的公共服务、公共产品、基础设施建设重点是要为未来打基础、增强后劲。所以，我们现在就要与新型城镇化、城市建设平稳提高结合起来。比如，城市群之间的互联互通，包括城市地下管网的铺设，包括棚户区，都是建设重点，要在这些方面发力。

其次，我们新形势下陆上、海上全方位的对外开放，如“一带一路”所涉及的一些硬件基础设施建设。所有这些建设，都是面向现代化未来在打基础，传统引擎的使用，必须和为长远打基础科学地结合起来。所以，现在强调规划，特别是综合性的规划和长远规划要做好。在这样的背景下，《政府工作报告》也提到“要提升城镇规划建设水平，制定实施城市群规划，完善设市标准”等，以使传统引擎在使用上要科学地关注和面向未来，特别要提高项目建设的质量和耐用性、持久性。

这些建设活动，对于稳定 2015 年的投资会发挥重要作用，基础设施投资在全部投资中所占比重在 1/4 左右，基础设施投资的增长对整个投资增长的稳定有重要的作用。我们看从 2014—2015 年，我们基础设施投资累计增长的情况，2014 年，基础设施投资增长大体比较平稳，全年增长了 21%左右。2015 年 1—2 月份，基础设施投资增长了 20.8%，和 2014 年水平基本相当。所以，我们基础设施投资能够继续保持这个水平，和我们用好改造传统引擎的努力是分不开的。

具体来说，2014 年 10 月份后，国家发改委批准了 25 个铁路建设项目、5 个机场建设项目、3 个特高压输变电建设项目，还有一批城市地铁轻轨建设项目，总投资达到 16 000 亿元，这些项目安排，必然对 2015 年开始的基础设施投资产生重要的支持。另外，围绕改造传统引擎，2015 年在资金安排上也作了多方面的准备。比如说，预算内的投资资金，2015 年安排了 4 776 亿，比 2014 年增加了 200 亿，虽然增加的量不多，但是方向很明确，就是 2015 年政府在传统引擎的使用上，要进一步加大资金的支持力度，发挥政府财政资金“四两拨千斤”的作用，就是要通过 PPP 这些公私合作的模式，更多地引导民间投资。像 2014 年 80 个基础设施建设项目，面向民间投资开发，主要是交通类的铁路、公路，最后大概有 60%的项目实现了民间投资，民间资金的到位率达到 43%。现在，民间资金进入这些领域的积极性有所提高，只要相关的机制、体制改革能够跟上（像 2015 年我们进一步要改革铁路、电力、石油），就会使这些方面的民间资金进入更加活跃。另外，由于2015年进入地方债的还债高峰期，民间投资的引入对于从根本上来缓解地方债务由于还债压力所导致的资金困难，支持基础设施投资提供必要的资金保障，意义重大，在传统引擎使用上，也会发挥重要的作用。

但是，从整个稳增长来看，光靠传统引擎是不够的，还要打造新引擎。

打造新引擎：鼓励大众创业、万众创新

新引擎就是大众创业、万众创新，这是来自市场的引擎，实际上改革开放之后，我们一直在培育、发展这个新引擎，目前这方面的潜力仍然非常大。正如李克强总理讲的，中国13.6亿人口，9亿多劳动力，蕴藏在民间创业创新的能量是不可估量的，只要搭好台，放开束缚，这个能量释放出来，潜力巨大。所以，2015年我们在这方面作了很多的安排和部署。比如，在税收方面，减税清费，就是结构性减税、普遍性清费；营改增改革，2015年在建筑业、金融、服务业上的营改增都开始推进。

另外，在将事中、事后监管和法治建设结合起来，进一步做好、做到位的同时，进一步放宽准入限制。企业创新需要公平、有序的市场环境，大众创业、大众创新更需要有一个公平、有序的市场环境，才能够把效果充分地表现出来。这个环境就是有效的监管，市场法治规则的建设，制度的完善，全面地建立社会征信体系，就是把大家在经济活动当中的责任通过制度建设、法治建设明确出来，把问责的制度完善起来，谁违约，谁就受到制裁，通过改革把这个新引擎打造好，为我们以素质为主导的增长提供可持续的保障。

财政政策与货币政策对双引擎的支持

财政政策实际上不仅是关注支出，关注从需求角度直接用好传统引擎，而且关注了减税和降费来支持新引擎的打造。

至于货币政策，2015 年面临的环境相当复杂，我们现在价格涨幅很低，表明企业或者是地方政府发展投资的意愿不旺盛，所以各种购买活动不活跃。我们的 PPI 连续 39 个月下降，而且降幅在加深就表明了这种投资意愿的不活跃。

在这种情况下，货币数量可以增加，但是大家对贷款的使用并不是很积极，原因在于，商业银行所期望的无风险利率偏低，期望贷款利率高一点，有一个好的回报，但是企业无力承受。

第一，地方政府的财力现在出现了很大困难，无力承受利率上升，货币政策在稳增长当中发挥作用的传导机制出现了问题，这是货币政策现在面临的困难之一。

第二，美国量化宽松结束，开始向中性调整，美元开始外流，对于我们国家来看，就是人民币在市场上供应量会减少，因为要用人民币把美元买回来，导致人民币流到央行沉淀下来，无法流通。所以，央行怎么合理地通过存款准备金率及公开市场操作来稳定货币供应量、消除由于外汇流出所导致的货币供应量的波动也面临着问题。

第三，关于金融风险。我们要守住系统性、区域性金融风险不爆发的底线，从货币政策来看也面对着复杂性。现在股市很活跃，但是股市的融资最后很多并不是流到了实体经济，而是很大一部分流到了一些高风险领域，所以现在的问题就是，从生产企业来看，不敢利用利率太高的资金，但是一些高风险领域又可能需要高利贷，如果货币政策把握不当，就会助长金融风险扩大。所以，2015 年货币政策面临的形势错综复杂，因此强调要松紧适度，就是一方面对于整个稳增长、实体经济的转型升级，以及中小企业的创新发展不能紧；另一方面，对控制金融风险不能松。

所以，2015 年财政政策和货币政策的配合，就表现得很重要。像 1 万亿地方债置换，由国家信用担保，使得银行和地方政府之间的信贷关系由短期转向长期，一方面避免银行出现大量坏账，另一方面又保证了地方政府的项目资金使得项目建设可以继续进行，最终缓解了金融风险的发展。

除此之外，在其他方面我们也要加强财政和货币政策配合。比如说，财政贴息、担保，中小企业，包括新的增长点，如果有财政政策的引导和支持，就容易使货币资金的定向发力发挥作用。

在这个背景下，2015 年《政府工作报告》作了明确安排，就是通过积极的财政政策、稳健的货币政策，用好传统引擎，加快打造新引擎，支持稳增长的目标。而且，把稳增长和立长远更多地结合起来，比如供给创新带动需求扩大，着眼点是在公共产品基础设施的创新上，所谓创新就是水平更高，发展更好。

另外，供给创新也表现在支持企业转型升级上，包括打造新的引擎，从财政政策、货币政策结合上，真正让企业转型升级，在稳增长的政策当中得到更多支持。最终，通过企业转型升级所形成的活力、动力，起到对经济增长既利当前又惠长远的作用。所以 2015 年我们从稳增长来看，这个政策安排的思路，是考虑了当前和长远的结合，政府作用和市场作用的结合，中高速增长和结构调整的结合等多个方面。

当前实现经济增长目标无疑问

从当前经济形势来看，我觉得实现预期目标是有把握的，原因在于世界经济现在基本上触底，为我们的经济增长目标提供了现实可能。

外贸出口形势有保证

国际金融危机之后，世界经济在深刻调整的过程中徘徊，现在触底的迹象已经很明显。比如，美国经济开始持续恢复。这次对金融危机的应对和1929—1933 年的大萧条不一样，这次把政府的手加进来了，通过政府的介入，即国家信用来稳定社会信用。像美国两大房贷公司房地美和房利美，它其实并没有破产，而是被美国政府收回财政部，作为财政部管理的企业，并用财政资金帮助它们完成必要的还本付息，以及支付高管工资和运营费，如此一来，和它们相关的各种金融债券也没有变成一张废纸。所以，社会信用并没有出现坍塌，由国家信用进行了兜底。不仅如此，美国政府还把最大的金融保险机构 AIG（美国国际集团）、花旗银行等很多大金融机构保了下来。这就使大家感觉到，不管是存款、借钱，还是购买各种债券，是有信用底线的，不会出现崩溃，所以美国的实体经济恢复就有了基础。

而且美国的制造业也有两个优势，一个是科技创新的优势，表现为越是市场困难，创新越活跃，像新能源技术、电动汽车、页岩油气技术、信息技术，都对制造业恢复起了重要的带动作用。另外就是美国的制度模式，就是美国对过剩产能的调整，没有像我们遇到那么大的困难，它的破产退出在法律上是很明确的，谁该承担什么责任就承担什么责任，整个效率比较高，不像我们，僵而不死，退不出去，所以美国制造业的结构调整进展比较快，经济也能持续地恢复，失业率也在不断下降。

在这个背景下，实体经济的恢复在支持货币金融体系的自我修复过程中，作用也在显现，对政府托底的依赖也在不断减弱。所以，整个世界经济在国际金融危机触底之后的温和恢复迹象也越来越明显。这样一来，我们外贸出口 2015 年的形势不会比 2014 年更差，商务部提出的目标是，进出口按人民币计算增长 6%左右，2014 年出口增长按人民币计算是 4.9%，比 2014 年略有提高。我们 2014 年经济增长是 7.4%，出口水平还不如 2015 年，所以 2015 年出口水平如果比 2014 年略高一点，那么外需对 7%左右的支撑力度比 2014 年会更大。

消费增长平稳

最近几年虽然在增速换挡，但是我们可以明显感觉到对人们的生活影响不是太明显。2015 年春节出境游有 1 亿人，出境游购物把中国春节的文化传导到很多国家的市场，这就表明，我们的生活水平并没有出现明显下降。过去几年我们是把保就业、保基本民生结合在一起，我们的经济虽然在增速换挡，但新增就业没有换挡，2007 年我们经济增长 14.2%，新增就业 1 100 万人，2014 年我们经济增长 7.4%，新增就业 1 322 万人，就业水平没有下降。

在保障民生方面，《政府工作报告》也作出了很多具体的安排和部署，包括“千方百计增加居民收入，促进社会公平正义，着力促进创业就业，坚持就业优先”，要“落实高校毕业生就业促进计划，实施好大学生创业引领计划……做好结构调整、过剩产能化解中失业人员再就业工作。统筹农村转移劳动力、城镇困难人员、退役军人的就业，实施农民工职业技能提升计划”等等。

还有就是精准扶贫，就是对收入要托底，没工作的人怎么办，加强社会保障，企业退休人员基本养老金标准提高 10%。包括落实机关事业单位养老保险制度改革，同步完善工资制度，对基层工作人员给予政策倾斜，在县以下机关建立公务员职务和职级并行制度。而且要全面实施临时救助制度，让遇到急难特困的群众求助有门、受助及时。对重度和贫困残疾人等特困群体，要健全福利保障制度和服务体系，继续提高城乡医保标准等。

当前，在保障基本民生方面，仍然作了非常细致的安排。在这些政策的保障下，我想 2015 年消费的增长会继续保持平稳，人民群众的基本生活不会出现大的动荡。所以，2015 年消费实际增长保持在 10.5% 左右我认为是可以实现的。由消费所支持的订单增长，比如食品、餐饮、服装、家具、家电、汽车、手机、电脑，包括房屋装修材料，这些企业的订单水平，我认为不会下降，因此企业的开工率会平稳，增长也会平稳，这对实现 7% 左右的增长也是一个非常重要的支持。

投资由弱转稳

第一，《政府工作报告》围绕基础设施投资作出了很多的具体安排，所以 2015 年基础设施投资增长，保持和 2014 年大体相当的水平，我认为是可以实现的，这对整个投资增长的稳定必然带来重要的支撑。

第二，大城市卖房难将会缓解。房地产的转型确实导致房地产投资增速下降，就是前面讲的拿地难，会影响到房地产的开工、建设规模。另外，在 2014 年卖房难导致了房地产的困难更为急迫，因为房子卖不掉，资金就没法周转，资金链一紧张，和房地产企业相关的多个行业都停下来了。2015 年房地产的困难应该会有所减轻而不是加剧，之所以会缓解，我觉得最重要的就是我们要客观地估计目前城镇化的推进情况。尽管现在城镇化遇到矛盾，就是大城市装不下，中小城市不愿意去，但是城镇化不会戛然而止。像北京，尽管现在严格限制人口，但是2014年人口还是增加了30多万人，因为有的人口是控制不住的，比如说国家机关，包括北京市的机关招录的公务员，以及很多做IT的企业、金融企业等，每年都需要进人，还有为这些中高端人员服务的相对低端的人员。从目前的角度来看，北京一系列发展优势引导的人口向北京的聚集不可能完全停下来。而且，现在新兴城镇化在推进，京津冀一体化在加快落实，这个落实就有可能使北京周边的这些城市人气逐步提高。如果说基础设施互联互通加快推进，基本公共服务水平提高加快推进，很多北京周边的城市，如燕郊、廊坊等这些地方的吸纳能力会提高。所以，城镇化我觉得在困难的影响下，步伐会有所减慢，但是不会停止。

因此，房地产的需求不会忽然消失。大城市刚性的买房需求、改善性买房需求不会缺少。房地产市场在2014年出现的卖房难，很重要的原因是预期房价会降，包括不动产登记只要一落实，二手房就大量增加，房价肯定会降。但是我觉得，尽管二手房会增加，但是从住房总量的供求来看，仍然是供不应求，不能跟上缓解住房不足的矛盾。另外，比如自住型的房，比同地段的商品房便宜30%，但是等大家去买的时候发现，综合各种条件，可能有的还不如买商品房。所以，这个降价的预期，在大城市是阶段性的存在，现在来看基本上不太强烈了，大家觉得大城市房价降不了多少。

现在，由于预期的改变，大城市的买房需求在恢复当中，而且最近房贷政策的调整，认贷不认房，对改善性买房支持力度明显加大，原来买第二套房首付60%，现在降到30%，再加上现在利率两次下调，对降低月供负担有直接帮助。再者，在《政府工作报告》及李克强总理答记者问时都谈到，要因城施策，稳定住房需求。从这个角度来看，卖房难我觉得只是一个短期现象，原来在中小城市建的那些房子，卖房难可能还会存在，但是在大城市，这个问题现在正在不断地缓解。

大家可能会说，中小城市不缓解，光大城市缓解有什么用？大城市缓解是基础性，因为开发商的资金主要集中在大城市，所以住房销售回笼资金的能力也就不一样，北京卖一套房子几百万，一个县级市卖一套房几十万就不错了，不要看销售面积没增加，但销售额完全不一样。大城市的房地产市场一旦回暖，开发商的资金链基本上可以得到改善，那时候在三四线城市占压的那点资金根本不会有大的影响。

为什么从 2014 年第四季度特别是 10 月份以后拿地热又开始了，我觉得和开发商资金链的松动是有关系的，在北京和上海的拿地会重新高涨，而且在 2015 年还会有所发展。在这个背景下，我觉得 2015 年房地产开发建设活动不会像 2014 年继续地大幅滑落，而是逐步地趋向平稳，因为我们从土地供给方面来看，大城市也在作更多的准备。

在这里边，有一个土地使用效率的问题，就是要提高城市土地的利用率，特别是大城市、特大城市，要高水平地开发建设，加强监督，加强管理，把城市土地功能更好地开发出来。

房地产的开发，和新型城镇化的推进，以及城市承载能力的提高是结合在一起的，而这个过程也会使房地产的投资逐步走向平稳，而不会持续地萎缩、下降，所以这对整个投资增长也会形成重要支持。2015 年在《政府工作报告》中提出的新型城镇化的若干安排，包括稳定住房消费的若干安排，也都会对稳定房地产投资发挥重要作用。

保持稳增长和调结构之间的平衡

《政府工作报告》中提到稳增长和调结构的平衡，是说要针对“三期叠加”的矛盾，资源环境约束加大，劳动力要素成本上升，高投入、高消耗、偏重数量扩张的发展方式已经难以为继的情况下，在适应新常态时要加大力度全面转变经济发展方式，深化改革，完善体制机制。要推动经济在稳增长中优化结构，任务非常重，既要稳住速度，确保经济平稳运行，也要调结构，夯实稳增长的基础。

所以，《政府工作报告》围绕结构调整作了很多安排，提出要“加快培育消费增长点，鼓励大众消费，壮大信息消费，提升旅游休闲消费，稳定住房消费”等，要“增加公共产品有效投资”。

推进新型城镇化取得新突破。这也是我们面向未来调整经济结构的一个重大任务，就是怎么把“三个1亿人”解决好的问题，走大城市主导的模式，以及过去粗放式的造城运动不行了，现在必须调整思路。在这方面，《政府工作报告》也作了很多的安排和布置，包括棚户区和城市危房改造，户籍制度改革以及和户籍制度改革相联系的基本公共服务同城化，覆盖水平提高，覆盖能力加强，包括制定实施城市群规划，包括拓展区域发展新空间等。

还有，推进产业结构迈向中高端。比如，提出实施“中国制造2025”，就是要坚持创新驱动、智能转型、强化基础、绿色发展。我们对于制造业传统的部分，要通过创新驱动来提升和改造。智能转型就是要把信息化、互联网+和整个制造业的转型结合起来。那么，绿色发展就是要加强环境保护的工作力度。加快从制造业大国转向制造业强国，还有就是新兴产业、新兴业态是竞争高地，要实施高端装备、信息网络、集成电路等一些重大项目的落实。包括服务业的发展，深化服务业的改革开放，落实财税、土地、价格等支持政策。

关于结构调整，也是2015年一个非常重要的工作领域。《政府工作报告》

也作了很多的安排和部署，包括强调企业是技术创新的主体，落实和完善企业研发费用加计扣除等政策。

所有这些，都凸显了一个思想，就是我们不光要稳增长，而且要调结构，通过调结构，夯实稳增长的基础。

要培育和催生经济社会发展新动力。这就是前面讲的“双引擎”：一方面增加公共产品和公共服务供给，改造传统引擎；另一方面就是推动大众创业、万众创新，在改革、制度完善方面下功夫，为整个经济发展方式转变，提供制度保障和支持，就是真正从制度上明确责任、追究责任，使每个企业、每个政府部门、每个人更认真、更负责任地做事情，这样我们的发展水平才能扎实地上一个新台阶，整个中国经济发展才能从数量主导转向素质主导。

总之，中国经济发展进入新时期，就是我们讲的新常态，它既给我们带来很多挑战，也给我们带来重大机遇。所以，我们要调整工作思路，在适应新常态的过程中，把基础做得更扎实，把发展的质量提得更高。

金融如何适应新常态

*

北京大学光华管理学院名誉院长
厉以宁

现在全国对于新常态都有进一步认识，此时GDP如果还想保持8%以上，就会加剧产能过剩。所以，经济增长速度要下来，能够到7%、6.5%，再到6%，仍然是从第二阶段向第三阶段过渡过程中增速较高的了，如果能长期保持5%，也是不错的。

适应新常态非常重要，因为我们过去长期在计划经济体制下，要适应当前的新常态，必须适应市场化，对企业来说就是要自己找销路，自己筹资金，这都是新常态中所必需的。

应该看到，最大的适应新常态是适应第三产业占到主要地位了，这是很重要的一条。因为我们知道，人类的发展是三个阶段。

第一阶段：农业社会。农业就是第一产业，在GDP中占的比重是最大的，就业人数是最多的。

第二阶段：工业化阶段。第二产业占了主要地位，而且占的GDP比重最大。

第三阶段：后工业化阶段。特点是第三产业占了重要位置，今天，在发达国家中，第三产业产值占GDP的60%~70%。中国呢？根据2015年国家统计局第三季度的公报，我们第三产业的产值超过了51%。就是说，一半以上已经是第三产业了，这个情况还要变化，第三产业将继续发展。

我们过去增长之所以高，因为我们处在第二阶段，工业化阶段。现在是工业化阶段向后工业化阶段过渡，过渡的时候能保持这么高的经济增长率吗？不可能的。

那么，在适应第三产业为主的后工业化阶段，金融主要起什么作用呢？

参与解决农村的改革问题

这是当前中国最重要的。中国农村的改革现在主要是农村土地的确权，土地确权以后才有农村的各种新迹象。确权是非常重要的，过去很多年很多人提出农业要再合作化，在土地没有确权的情况下，合作化是假的，农民不安心啊，而在土地确权以后情况就不一样了。

我带着全国政协经济委员会调研组，在浙江的杭州、嘉兴、湖州三个市对土地确权后的农村进行了调查，在嘉兴市平湖的几个村庄、小镇，土地确权验收后，农民情绪之高远远不能想象，因为他们安心了，安心以后可以从事农业、商业、工业方面的活动。

城乡人均收入之比也发生了变化，在嘉兴市的汇报中看的很清楚。在土地确权以前，城市人均收入和农村人均收入之比是3.1∶1，土地确权以后短短的一段时间内就变成 1.9 : 1 了，主要是农民收入大幅度增加。

农民收入为什么会增加？因为土地确权了，他们能安心地到外面去做生意，土地就流转出去。而务农的开始搞家庭农场，以合作社方式来经营，并且这次的合作社是入股的，可以按股分红。

土地确权之后还有一个变化，耕地面积多了 20%，怎么会多 20% 呢？当初土改的时候土地就定了，后来进行承包分地，但是地有好有坏，好土地一亩算一亩，坏土地两亩折算一亩，经过了 30 年的承包，精耕细作以后土地质量都差不多了，所以这时候一亩顶一亩，土地就多了。

另外，过去是用牛耕地，现在用拖拉机耕地，田埂就并到土地中了。过去量土地的时候田埂是刨掉的，田埂两边遮太阳的部分也刨掉了，现在田埂算地了，两边遮太阳的地方就没有必要存在了，土地就多了。

第三个理由，当初有农业税，那个时候家家都隐瞒土地，一亩三分地的报一亩，谁也不揭发谁，也没有重量的必要。这次不一样了，土地确权是航空测量土地，你要想多报、少报都不可能，而且没有人愿意少报，又不缴农业税，少报入股就少，所以土地增加了。

这样对金融的压力就大了，因为农民确权以后要抵押贷款，他们的房子权证可以抵押，承包地可以抵押，宅基地可以抵押，房子也可以抵押。所以，金融一定要适应中国农村今后这一新常态，面对此种新变化要有新的思路。

大力建设公共投资基金

公共投资基金是混合所有制的，就是城市的建设用公共投资基金的方式，因为建设城市的公用事业、公共建设，资金需求量大。那么，金融在这里可以起到作用吗？全世界有没有先例？我们考察了澳大利亚、新西兰，它们都是靠公共投资基金筹集资金，并且项目公布、账目公开，供大家投资审查，这对于我们国家解决城镇化的质量，城镇化的速度很有用。

鼓励创新，鼓励创业

尽管我们已经进入第三产业为主的时期了，但工业仍然需要发展，当然发展不是重复建设，而是走创新、创业之路。新产品不一定是全新的，功能改变了就是新的，比如大家现在用的手机跟 15 年前的一样吗？ 15 年前的手机也许只有通话功能，现在有多少个功能，这就是新产品。所以，在这方面金融可以帮助创新。另外，金融还可以把民营、小微企业送到资本市场去，因为资本市场是各种各样的，有民营、小微企业的用武之地。

鼓励国有大企业改革

国有大企业改革之路就是发展混合所有制，它需要银行的参与，也需要民营企业的参与。最后金融的混业经营是必然的，以前讨论《商业银行法》的时候，之所以不写上可以混业经营而非要分业经营，主要是因为刚开始，怕乱，如果没有一个“防火墙”，容易引发金融危机但是现在过了这么多年，是时候发展混合所有制了，银行应该出力，而且商业银行也是要走混业经营的道路。

但这是一个大问题，不是银行本身能够解决的。所以，为了加快国有企业混合所有制的改革，一定要先试点，有样板，有条例，这样相对而言阻力较小。

第四章

变局与前景

新常态下的中长期增长前景

*

国务院发展研究中心副主任
张军扩

新常态下，我国经济仍然具有中高速增长的潜力。在推动经济发展的过程中，我们既要厘清误区，更要认识到，经济增长潜力的释放不是自动的，需要我们通过改革和创新去争取。

如何认识新常态下我国经济增长的潜力

讨论中长期增长，首先要回答中长期增长的潜力问题。改革开放以来，我国经历了30多年的接近两位数的高增长，但从2012年开始，增长速度下降至7%左右。关于这次增速下降的原因，大家一个共同的看法是，它不仅是国际、国内短期因素冲击的结果，也是中国经济传统增长动力减弱的结果。

但对于高速增长阶段结束之后，中国经济的潜在增长率如何，各界看法不尽一致。有观点认为，虽然我国的潜在增长率已经不能支撑接近两位数的高增长，但潜在增长率也不会一下子滑落到前沿发达国家 2%~4% 的低速水平，仍具有在一定时期内实现中高速增长的潜力。也有一些学者更为乐观，或更为悲观一些。

我们的研究支持中国当前及今后一个时期仍然具有中高速增长潜力的观点，并认为这个中高速潜力大体为 6%~8%。得出这样的结论，主要是基于我们对世界各国经济增长经验规律的研究，对我国经济发展所处阶段的判断及现阶段我国经济增长比较优势的分析。

大家知道，世界范围内，特别是二次世界大战之后，各国经济增长主要可以分为两大类：一类是技术前沿国家的创新引领式增长，典型的如过去的英国、当今的美国等；另一类是落后国家或经济体的追赶型增长，成功者如日本、韩国等。前一种增长主要依靠新技术的突破和人口的自然增长，因此，尽管在技术取得重大突破时也可以实现较快的增长，但长期来看，增长速度比较平稳和缓慢，长期的平均增长率大约为 2%~4%。而后一种增长则由于“后发优势”的存在和作用，常常能够在一段时间里实现比前沿国家高得多的增长速度。改革开放以来中国经济的高速增长，就属于后一种增长，即后发追赶型增长。

后发国家的追赶型增长，之所以能够实现比技术前沿国家高得多的高速增长，最主要的原因就在于其所拥有的后发优势。后发优势大，压缩式高增长的潜力就大，后发优势减弱，高增长的潜力就会变小；后发优势消失，高增长的潜力也就不存在了。国际经验表明，追赶过程是一个逐渐缩小差距的过程，是一个后发优势逐渐减弱的过程，与此相适应，也是一个潜在增长率逐渐降低的过程。实证研究还发现，凡是成功完成追赶任务的经济体，其经济高增长过程都不是一下子从高速增长直接转入低速增长，而是在转入低速增长前，经历了或长或短、或高或低的中速增长阶段。

另一方面，通过对我国发展实际状况的分析不难发现，首先，我国目前的发展水平与技术前沿国家还有较大差距，后发优势依然存在，追赶型增长并没有结束。比如，目前我国人均GDP只有美国的1/8~1/7，技术水平与发达国家相比落后较多。其次，从我国经济现实情况看，我国的后发优势特点依然明显存在。比如，我国劳动力成本只相当于美国的20%~30%。在农村剩余劳动力接近枯竭之时，我国每年毕业600万~700万大学生，呈现出高素质劳动力丰富的比较优势；再比如，在提升城镇化质量、改善农村基础设施和人居环境、治理环境污染等方面，我们也存在巨大的投资需求潜力。与此同时，我国还具有一些独特的优势。我国是一个大国，不仅国内市场规模潜力巨大，且区域发展不平衡，有利于需求的渐次释放；我国制造业优势明显，有利于实现科技成果的产业化转换；等等。基于这些独特优势，我们认为在当前及今后一段时期里，我国仍然具有争取实现中高速增长的潜力。

如何把握中高速增长潜力与现实增长的关系

对于正确分析判断宏观经济走势、制定正确的发展目标及调控政策而言，不仅科学判断增长潜力水平的高低十分重要，正确分析和认识增长潜力与现实增长之间的关系及其对我们确定发展目标、调控措施的政策含义更为重要。

实际上，正如前面分析所指出的，增长潜力只是由经济发展阶段、与前沿国家发展差距及后发优势大小等因素所决定的增长的一种可能性。这种可能性只是意味着我们通过努力有可能实现的增速，而不意味着通过努力一定能够实现的增速，更不意味着不通过努力就可以实现的增速。有三个方面的国际经验可以说明这一点：一是世界上有不少处于低收入发展水平的、非常贫穷的国家，它们的后发优势和增长潜力应当说也很大，但并不一定能够实现快速增长；二是前面说过，即使成功实现追赶型增长的经济体，包括日本、韩国等，其在相似发展阶段时，尽管后发优势或增长潜力比较相似，但最终实现的中长期平均增长速度，也还是存在较大的差异；三是一些追赶不那么成功的国家或地区，虽然在发展的初期都经历了高速增长，但到了中等收入阶段，却出现了发展的停滞，陷入了所谓的“中等收入陷阱”。这三个方面的经验和教训充分说明，中高速增长潜力只是一种增长的可能性，这种可能性并不会自动或必然实现，其能否实现或能够实现的程度，不仅取决于一国发展面临的国内外客观环境，更取决于其经济体制、发展战略及发展政策是否与环境的变化相适应。

回到我国的现实，过去 30 多年，我们实现了接近两位数的高速增长，经济和社会面貌也都因此得到很大改变，成就是巨大的。但现在发展阶段和国内外客观环境发生了变化，这种变化，不仅使得我国潜在增长率发生变化，也要求经济体制、发展模式、发展战略、发展政策及时作出调整，以适应变化了的环境，从而为经济能够实现中高速稳定增长奠定基础。为此，需要我们付出艰苦的努力。

我们现在讲的新常态，更多指的是客观环境的变化，发展条件变化的新常态，而不是发展动力、发展模式的新常态，发展模式的新常态还在形成的过程当中，还需要我们通过改革努力去争取。因此，新常态要有新的精神状态，要通过我们的努力，争取最好的结果，而不能坐等中高速增长的自动降临，错失发展良机。

增长潜力的释放需要我们努力争取，但也不能盲目争取。所以另一个大的认识误区，就是把增长潜力误认为是每一年、每个时期或每个地区都能应当争取的增速。实际上，潜在增速是就一定时期全国的平均增长潜力而言的，而现实当中的增长会受到各种内外因素的影响而出现波动变化，这都是十分正常的。特别是在当前的“三期叠加”时期，旧的发展模式越来越不适应，新的发展模式和增长动力有待形成，同时，还面临调整结构、化解矛盾和风险的艰巨任务，这时个别年份的增速甚至可能会低于潜在增速，也不能说就不正常。因此，经济发展目标的设定和经济调控政策的实施，应立足于实现中长期健康发展，而不是过于注重每年都能实现中高速增长。

另外，“三期叠加”时期，分析经济形势时更重要的是要看经济增长质量和效益是否得到改善，矛盾和风险是否得到化解，新的增长动力、增长模式是否正在形成，是否有利于经济进入新常态增长，等等。如果为了维持较高的增速，而使得结构进一步扭曲，矛盾进一步积累，环境进一步破坏，只会得不偿失。

2014 年，我国国内生产总值按可比价格计算，比上年增长 7.4%。但与此同时，除增速指标外的其他指标，包括就业、居民收入、企业效益、财政收入、节能减排等，都有所改善。总体来看，我们认为当前经济运行状况是正常的，是符合调控政策预期目标的。一方面，经济增速虽有回落，但 7% 左右的增速仍处在我国现阶段潜在增速的区间范围之内，在全球范围也是较高的增速。另一方面，经济增长速度的适度回落，是解决我国经济发展深层矛盾、调整结构、提高发展质量的必然要求和必然反映。从实际效果看，虽然经济增长速度回落了，但经济的结构和效益状况得到了改善，风险释放总体上也处于可控范围，从而有利于为长期的稳定增长奠定基础。

如何通过改革为增长潜力释放奠定基础

首先，要通过改革，释放我国在要素供给方面依然具有的比较优势或后发优势。比如，虽然我国劳动力成本远低于美国，但由于政府管制过多、竞争不充分，致使我国在资金成本、能源成本、物流成本等方面远高于美国。如果计算综合成本，中国反而高于美国，这是导致近年来不少美国企业回归，甚至不少中国企业选择到美国设立分厂的重要原因。如果我们能够通过改革打破垄断，提高这些领域的质量，降低成本，就能为我们本来具有的比较优势的发挥创造条件，形成新的增长动力。

其次，要适应形势变化的需要，创新投融资体制，释放巨大的国内需求潜力。比如，现阶段我国依然具有巨大的投资需求空间。想象一下，只要将现在城市的地下管网改造一遍，需要多大规模的投资？要使我们的大气污染、水资源污染得到基本有效的控制和治理，需要多大规模的投资？等等。问题在于，与先前的投资相比，这些领域投资的一个突出特点，就是它们大都具有一定的公益性质，都不是可以直接商业化的投资。如果我们能够通过财政、金融制度的创新，建立适应新形势的可持续的投融资体制，从而充分释放国内投资需求空间，也会从需求侧形成增长的新动力。

再次，要尽快形成有利于新产业成长的体制和政策环境。现阶段，一方面，信息、新能源等技术进步可谓一日千里，另一方面，基于商业模式创新的新业态也层出不穷，把二者相结合，更能展现出无穷的新商机、新业态。随着我国居民收入水平的提升和人口结构的变化，健康、环保、养老等服务也存在巨大需求，但这些产业的发展也面临监管方式、财税政策、金融政策等方面的制约，也需通过体制和政策创新创造适宜的环境。

最后，要加快改革，尽快构建起有利于创新的体制和社会环境。增长阶段转变从根本上来讲要靠创新，而适宜的创新环境要靠政府来营造。更为重要的是，从全球资源环境状况来讲，中国不可能在因循老牌资本主义国家工业化范式的情况下实现现代化，而应通过创新走出一条新型工业化道路。从客观条件来讲，我国人才资源丰富，科研教育基础扎实，具有巨大的通过创新驱动发展的潜力。但长期以来，由于教育体制、人才体制、科研立项等方面存在弊端，严重制约创新驱动发展潜力发挥，须通过加快相关方面改革创造有利的创新创业环境。

总之，新常态下，我国经济仍然具有中高速增长的潜力，但这个潜力的释放不是自动的，需要我们通过改革和创新去争取。在当前的“三期叠加”时期，更需要着力解决结构矛盾，化解风险，着力提高增长的质量，并在此基础上着力推进十八届三中全会所确定的各项改革，为新的增长动力和新的发展模式的形成奠定体制基础。

新起点，创新与互联网

*

中欧国际工商学院经济学教授
许小年

讲创新和互联网，我想还是从宏观经济谈起。为什么在这时候提创新的问题？因为中国经济走到今天，不靠创新，已经走不下去了。虽然统计出来2015年一季度、二季度的GDP全是7%，但电力指标、运输货运量的增长率和企业层面等各方面的情况都很清楚地告诉我们：经济正在进入衰退。

为什么会衰退？因为经过了多年的高速增长，经济内部所积累的结构性问题到现在已经捂盖不住了，必须要由某种方式表现出来。表现在宏观上，就是增长速度放慢；在微观上，企业经营越来越困难。

最大的“泡沫”在实体经济

为什么会发生这样的情况？衰退的原因是过去透支了今天的经济景气。

2008年在国际金融危机的冲击之下，中国的经济呈断崖式的下跌，虽然是外部冲击引起的，但也反映了中国经济的脆弱性。如果我们能利用2008年那个时机，在经济下跌的过程中，忍受痛苦，进行结构调整和产业升级换代，就不会有今天的困境。但是，我们推出了“4万亿”的刺激计划，于是错过了一次利用衰退进行调整的极好机会。

现在我们看到，今天调整的困难比2008年还要大。2009年“4万亿”执行的结果，使本来已严重的结构失衡更加恶化，这表现在很多的传统制造业部门那时产能已经过剩，产品技术落后，在市场上找不到销路，急需更新换代。然而，政府的巨量投资，又使这些落后的产能、技术和产品得以苟延残喘，甚至继续扩张一直到今天。原来经济中内在的增长动力减弱了，这个时候需要增强它的体质，我们非但没有消除导致虚弱的内部结构性弊病，反而给它注射“强心针”，让落后产能继续膨胀。

前两天我调研了一家民营钢铁厂，他们告诉我现在全国钢铁的生产能力大概在11亿~12亿吨，而全国的消费只有6亿~7亿吨，也就是说钢铁产能过剩30%~40%。这些过剩产能在没有消除之前，钢价不会反弹，在产能的压力下，各家都低价在市场上销售钢铁。低价销售的结果是谁都没有利润，一些钢铁公司是靠着政府的救济在活着，其实它们早就应该倒掉了。

它们不倒，那些效益高的钢铁公司没有办法正常经营，因为价格被压得太低。钢铁行业是传统制造业的一个代表，我们用新的产能泡沫去掩盖旧的产能泡沫，结果致使泡沫越来越大。资本市场有泡沫，但泡沫主要是在实体经济中，表现为过剩产能。

由于中国经济增长长期依靠投资驱动，当出现过剩产能的时候，企业不敢投资，依赖投资的增长就滑落下来，这是结构性扭曲持续到今天的一个必然结果。出路在哪里？去产能化。如果不把过剩的产能消除掉，价格起不来，企业经营会很困难，经济就会长期在低位运行。

所以，去产能化是当前最紧迫的任务，这和2008年金融危机之后欧美经济的“去杠杆化”所面临的挑战是一样的。欧美发生金融危机的原因是过度借债，杠杆过高，把家庭和金融机构压垮了。要想经济得到恢复，必须把过高的杠杆率降下去。美国“去杠杆化”从2008年开始，一直到2014年才基本结束。

欧洲经济为什么现在还不行，因为它的“去杠杆化”没有认真地展开。我们有数据表明，欧洲的杠杆率只是稍稍低于2008年、2009年，而美国的杠杆率已经回到了历史的平均水平，这也是欧美两个经济体的表现大相径庭的主要原因所在。

同样，对于中国来说，我们不仅要去杠杆，还要去产能。实际上，“去产能”和“去杠杆”是一回事，实体经济中的过剩产能，对应的是银行的天量信贷，要不是银行放出那么多的贷款，也不会有今天这么多的过剩产能。所以，实体经济要去产能，金融行业也要去杠杆。

如果说A股场外配资是个问题的话，那么它和金融体系与政府体系中的坏账相比，简直是小菜一碟。

A股配资总共有两三万亿吧？我们金融体系的贷款余额是80多万亿，坏账率如果是10%，那么就是七八万亿，而且有可能还不止。

政府融资平台在执行4万亿过程中积累的债务，现在官方估计就有20万亿，这才是中国经济的大隐患。

A股市场是政府制造的国家牛市，当风险逐渐显现的时候，又是政府去清理场外配资，暴跌之后，又是政府出来救市。尽管社会反响很大，其实A

股市场只是中国经济中的一个小问题，大问题是政府负债，银行的坏账，实体经济中的过剩产能。过剩产能有多严重？各个行业不一样，据说水泥行业的过剩产能是60%以上。这些数字告诉我们，去杠杆的过程和去产能的过程可能会相当长，到底需要多少年？我也不知道，我想3年5年总是要的吧？对此要有充分的心理准备。在去产能和去杠杆的过程中，企业的首要任务不是说发展多快，要做多大，不是赚钱多少，而是活着，活下去就好办。宏观形势严峻，是不是我们就不干了呢？当然不是。在经济下行的过程中，价值才能显现。我喜欢熊市，不喜欢牛市，为什么？因为在牛市中，资产的价格都被高估，只有在熊市中，资产的公允价值才能够在市场上显现，就像巴菲特喜欢熊市一样。

所以，不要害怕熊市，不要害怕经济的下行和经济的调整，在调整的过程中，会出现大量的商业机会。为什么要在这个时候谈创新，谈创业，谈互联网？原因就在这里。

三大机会：重组、升级、创业

最近我除了上课以外，就在各地考察企业。为什么现在企业看得比较多？因为宏观经济没得看了。而且，我研究宏观经济，人家也不喜欢听。我去看基层，发现机会起码有这几个方面：

第一个机会是行业重组，行业重组的机会非常之多。我刚才说的钢铁行业，很多中小型的钢铁公司都要倒掉，这个时候是购并的好机会。但是，现在购并的障碍在于地方政府的干预，所以，我和政府说不要阻碍市场上的购并，不要阻碍企业的倒闭。

企业不行了，地方政府首先想到的是税收和就业，它用各种各样的办法来挽救濒临破产的企业。由于地方政府的干预，好企业不敢去收购，因为收购的前提条件是不许裁员。

这怎么可能呢？我去购并一个低效的企业，当然要裁减冗员。地方政府说不许裁员，这就阻碍了行业重组的进行。如果不是地方政府阻碍的话，现在购并有很多机会。优秀的企业通过购并提高它的市场集中度，获得一定的定价能力来改进它的利润率，实现经营状况的好转。

这些市场份额比较集中的企业下一个要做的就是研发，推动升级换代。在行业分散的情况下，中小型企业没有做研发的力量。中国各行各业的一个特点就是太分散了，分散到了没有几家领军的企业能够做创新式的研发，所以，市场集中度一定要提高，世界各国全都是这么走过来的。

在 20 世纪汽车工业刚刚开始发展的时候，美国有 200 多家汽车公司，中国现在有 1 000 多家，太分散了，分散到规模经济效益无法发挥，分散到每个企业都不可能做大规模的研发投入。在市场力量的驱动下，几十年间美国的 200 多家汽车公司最后变成了 3 家。中国工业的发展，也会走同样的道路，不断地集中，只有集中才有规模效益，只有集中才能有足够的资源进行研究与开发。

再比如零售业，中国全年的零售额是 20 多万亿，我们最大的零售公司不算京东，一年的销售额是多少？国有零售商 1 000 多亿，但是不赚钱，赚钱的是民营的，最大的也不过 500 亿，而沃尔玛的年销售额是 4 800 亿美元。所以，我们的传统行业过于分散，效率太低，而这些问题在经济高速增长时期无法解决，因为在高增长时谁都赚钱，但经济一慢下来，问题就暴露了。

因此，一定要通过大规模的整合，利用行业重组等方式，把市场份额让给那些有竞争力的企业，提升我们的行业集中度，优化我们的产业布局。

第二个机会是传统企业的更新换代。2014 年我看了奔驰和宝马的生产线，车间里面没有几个工人，虽然还没有达到工业 4.0 的标准，也已经相当好了，机器人到处都是，工位和工位之间的搬运全都是自动化，不用人工，车间内部全都连起来了，自动化程度很高。我们要做的，就是用新的技术去提高效率，不必硬把自己套进“互联网思维”，而是要思考如何运用这些新技术来提高企业的效率。

我有一个校友是做缝纫机的，缝纫机整个行业 2015 年上半年的销售额大概跌了 20%，利润整个行业跌了 60%，而他的企业销售额和 2014 年基本持平，利润跌了大概不到 10%。我问他为什么可以取得高于行业平均的成绩？

他无非是把电脑装到了缝纫机上，用电控提高缝纫机的自动化程度。产品的升级，他早就开始做了，因为传统的缝纫工越来越难招，设想手工操作的缝纫机，手里捏着布，眼睛盯着针，一天紧紧张张 8 小时，现在谁愿意干这样的活儿？劳动力市场的形势迫使他提高缝纫机的自动化程度，你稍稍提升一点，就可以在市场上脱颖而出。

不需要追求那些高大上的东西，一点一点地改进产品和技术，空间是非常大的。又比如，钢价的下跌迫使钢铁厂削减成本，回收炼钢的余热，因为相比国外，我们能源的成本还是比较高的，现在它可以做到能耗的 80% 来自利用余热、余气的发电。所以，经济下行并不可怕，要倒逼企业研发，改进产品和技术，提高传统行业的效率。

第三个机会就是创业。互联网在中国之所以轰轰烈烈，以至于大市值互联网公司有一半在中国，有两个原因。

第一是中国的传统行业效率低，给互联网公司留出了很大的空间。第二是政府管制少，进入相对自由。现在是一提创业必谈互联网，其实传统行业一样有创业机会，不一定非做“互联网+”，传统行业“+互联网”也可以。

到底是“互联网+”，还是“+互联网”，没有一定之规，要作具体分析，哪一个有效就走哪一条路，并不存在不可抗拒的历史趋势。

我们可以找到很多的案例说明，“+互联网”比“互联网+”更有效。当然，做互联网的可能不同意我这个观点。

我不否认互联网是一个很有效的工具，但是互联网的作用是什么？必须有自己的思考，互联网无非是一种更为快捷的信息传递手段，有助于降低和消除信息不对称，从而降低交易成本。目前，我们所看到的，互联网用得最多的就是营销，减少交易中介，缩短交易链条，降低交易成本。至于新产品和新技术的开发和研究，还得走传统的老路子。

有人说，现在有大数据了，可以改变生产、研发和设计。我看到的大数据，离真正能够产生效益还很远！

“互联网+”可以做蚂蚁金服；传统的金融业也可以做“+互联网”，比如陆金所。我认为，“传统金融+互联网”更有优势，这是由金融行业的性质所决定的。当然，互联网公司可能也有不同的意见，它们说互联网最大的优势就是大数据。我不否认，你可以在大数据中发掘、分析，为你的客户作信用评级。但是，从这些大数据到准确的信用评级，道路还非常漫长。以阿里在淘宝、天猫积累的交易数据，能做多少贷款？阿里金融今天的余额是多少？300多亿吧，对传统金融业来说，是个很小的数目，和全国贷款余额七八十万亿根本没法比。

为什么？因为大数据的信息含量太低，相当于低品位的矿石，你要用多少吨的贫矿，才能生产炼出一吨铁？你要用多少大数据，才能放出一笔贷款？

所以，对互联网要冷静地沉下心来分析自己行业的业务特征：有哪些是适合互联网上做的，哪些是互联网没办法做的，自己的优势到底在什么地方，要不要利用互联网，以及怎么利用互联网要独立地思考。

传统企业对互联网刚开始是漠视，当互联网冲击到自己的时候，很快就从冷漠变成了恐慌，又从恐慌变成了盲目的崇拜，以为不利用互联网就要淘汰，没有那回事。

我们不妨看看沃尔玛，沃尔玛做网上销售做了十几年，投资建立自己的网站和电商仓库，沃尔玛在中国收购了仅次于京东的1号店，要发展它自己的网上销售。同时沃尔玛在调整自己的店面结构，下沉，逐渐减少大型的门店，增加中小型的社区店，这些社区店将来就是它电商的提货点和送货点。为什么亚马逊在美国无法撼动沃尔玛的统治地位？为什么电商在日本几乎没有生存的空间？日本的电商如果想做，可能做不过遍地开花的便利店，便利店过两条街就是一个，电商无法和它们竞争。

所以，沃尔玛现在一方面是去做电商，另一方面改造传统业态，这样亚马逊有可能招架不住，将来亚马逊也许就不是电商公司了，把主业转向云计算了。所以，一定要观察，不要慌，沉下心来仔细研究，决定今后往哪个方向走。

“管制”是创新的大敌

互联网在中国这么热闹，前面讲过，第二个原因是，相对而言互联网行业的管制最少，因此，大量的资源和优秀的人才涌进这个行业。

管制是创新的大敌。

美国最近有一项了不起的创新，就是大家都知道页岩气开采技术，使天然气的成本不断下降，带动全球的油价下跌，沙特的好日子结束了。中国页岩气储量巨大，我们为什么干不了啊？因为油气行业是国企垄断的，你进不去。我们互联网搞得这么热闹，其中一个很重要的原因，就是政府管制相对较少。

这并不意味着，除了互联网以外，其他的行业就没有机会。要看到在经济下行的过程中，政府的改革措施反而是比“经济上行的时候”更到位。最近的取消审批权，最近上市的“审批制”改为“注册制”，都是进步。我对中国的资本市场向来评价不高，但给予新三板很高的评价，新三板是第一块没有审批制的。

什么样的企业都可以上，只要有人愿意买，我认为这是一个很好的开端。我希望从新三板扩展到创业板，再到中小板和主板，都搞注册制就行了，别再审批了。取消发审委，企业只要满足了信息披露要求，全都可以上，市场交易就是周瑜打黄盖，愿打愿挨的事，你管那么多干什么？政府要做的唯一的事就是保证足够的信息披露，使得投资者可以判断这家企业的状况。

经济形势不好，倒逼改革，最近政府出台的政策，有些我觉得还不错。

那种大而化之的战略，你不必去关注。

有同学问:“教授，‘一带一路’有什么机会？”我说，那是国家的战略，和你有什么关系？你应该关心的是新三板，取消审批制之后我可以做什么。你可以帮助中小公司提高它的技术水平，扩大市场份额，然后拿到新三板去上市，这是很好的投资。希望大家更多关注微观层面上政策的变化，监管的变化所带来的市场机会。

新常态也会亮点纷呈

*

国务院发展研究中心社会部研究室主任
周宏春

机遇冲着有准备的头脑。新常态也会亮点纷呈，既可以出现在新兴产业中，也可以落在不同区域内。

新常态已经成为热词，这是近阶段经济学家讨论最多、最热烈的话题之一，也是各行各业研究“十三五”规划纲要时必须考虑的前提。许多文章对中国经济新常态作了深入分析和解读，但也有文章弥漫着“减速”“阵痛”等气息，这不是适应新常态的“平常心”，我们不能对未来的发展丧失信心。

只要抓住机遇，新常态也会亮点纷呈，因为中国工业化和城镇化的历史任务尚未完成，经济发展的基本面还没有发生质的变化。把握经济新常态的规律和本质，培育各具特色的经济发展亮点和特色，调整发展战略和政策，是每一个地方管理者的任务；提出新常态下的政策建议，则是每一个研究者应做的功课。

树立信心，把握规律与趋势

新常态的四个基本特征，在习近平总书记讲话和各类文章中均已经强调，也得到了全国上下的逐步理解和普遍认同：一是增长速度从高速增长转向中高速增长；二是经济结构从低级、失衡为主转向高级和优化；三是经济发展方式从规模速度型粗放增长转向质量效益型集约增长；四是增长动力从要素驱动、投资驱动转向创新驱动。为此，中国政府从消费、投资、出口和国际收支、产能和产业组织方式等 9 个方面，对新常态作出全面深刻分析。有关新常态的若干相关概念，仍需进一步明晰。

关于增长速度。GDP 增长速度是中国用来评价经济增长的主要指标。在经济新常态下，中国的经济增长速度将由高速降到次高速或中速，即经济增长速度会降下来。但是，中国经济规模仍将扩大，GDP 年均增长的绝对数量也会越来越大。须知，GDP 并不是每个国家采用的经济发展评价指标，如发达国家主要采用GNP（国民生产总值）来评价。从某种程度上说，GNP 更能反映一个国家的国民收入和财富水平。如果以GNP 评价，中国与发达国家的差距会更大一些，即中国从中等收入向高收入国家迈进还有一段路要走，这既是未来的发展趋势，也是中国的增长潜力之所在。

关于结构优化。中国的产业、需求、投资、城乡等方面的结构需要优化升级，以满足民生需求的变化。改革开放以来，中国的产业结构主要位于全球价值链的中低端；进入新世纪以来，拉动经济增长的主要是重化工业。中国产业结构偏重，比较利益较低；收入结构和分配结构不甚合理，城乡之间、地区之间发展差距较大；内外贸结构失衡等，这些均是客观存在的事实。从另外的角度看，中国到了从重视发展的数量到重视发展的质量和效益的时候了。用高新技术改造传统产业，加快发展战略性新兴产业、先进制造业和现代服务业，化解产能过剩风险、缩小发展差距，成为经济调控的目标和方向，中央政府近年来的调控措施已经产生成效，出现了结构优化趋势。进一步提升中国产业在全球价值链中的地位，打造“中国效益”，提升竞争力，既是发展趋势，也是新常态下的发展重点。

关于地区发展。地区发展的差异也是发展的潜力。在国内外形势发生深刻变化的大背景下，“一带一路”“京津冀协同发展”“长江经济带”等成为国家发展战略，核心是打破过去那种“一亩三分地”的思维，实现区域平衡和协调发展。在区域发展战略中，既有扩大开放的内涵，如“一带一路”向东连接东北亚、东南亚、澳洲，向西连接中亚、中东、欧洲；沿路沿带地区可以发展成为未来中国的重要增长极、重要的对外开放窗口；也有区域协调发展的内在要求，如促进中西部地区的协调可持续发展，不仅是改变部分经济欠发达地区现状的需要，也是全面建成小康社会的必然要求。“东方不亮西方亮”，可以用来描述区域发展现状和趋势的差异：“追赶”仍是中国一些欠发达地区的增长动力；过去如此，未来仍将如此。

关于民生改善。随着中国经济发展，居民的需求发生了很大变化，经历了从“吃饱穿暖”到住得上好房子、出行更便利等方向的升级；还会向有一个更好的生活质量、能上好的学校、能有好的医疗条件、能有好的生活环境等方面转变。满足民生需求的变化和升级，也是中国未来的发展潜力所在。

抓住机遇，培育新常态下的特色和亮点

中国政府提出了新常态下经济工作的“一个中心、八个更加注重”思

路。这一思路，需要各级领导在指导经济发展的实践中付诸实施。

机遇冲着有准备的头脑。只要抓住机遇，发现机会，新常态也会亮点纷呈。未来发展的缤彩纷呈，既可以出现在新兴产业中，也可以落在不同区域内。

1. 一些领域和行业会出现蓬勃生机。自 2012 年中国 GDP 增度放缓以来，国际化的互联网公司发展最为耀眼。电子商务、网上支付、B2B（企业与企业间的网上交易）、云计算等冲击并改变着传统业态，无线应用、手机操作和互联网电视等领域的变化日新月异，不论何时何地的消费者均可以在全球化的互联网平台上购物，释放消费潜力。2014 年 11 月 20 日在浙江乌镇召开的首届世界互联网大会上，马凯副总理指出，阿里巴巴、腾讯、百度、京东 4 家企业进入全球互联网公司十强，就是此类行业发展迅疾的最好说明。

（1）文化产业发展相当迅疾。在国家政策支持下，以资本为纽带，以整合资源、突出主业、做大做强为重点，国有文化企业实力和控制力不断增强，涌现出一批总资产和总收入超过或接近百亿元的大型文化企业。文化企业上市 45 家，其中国有或国有控股 31 家，这些上市企业成为 A 股市场的一支新兴力量。国家新闻出版广电总局公布的数据显示，2014 年全国电影票房收入 296.39 亿元，同比增长 36.15%；其中国产片票房收入 161.55 亿元，占总票房的 54.51%。这一增长速度是在西方发达国家经济增长放缓或下滑的情况下取得的，更显得来之不易。从 2005 年至今，中国电影票房一直保持在 20%~30% 的年增长率。

（2）新能源可再生能源发展亮点多多。近年来，中国新能源、可再生能源产业的投资和产业规模均居于世界前列。在新能源、可再生能源行业整体回暖的趋势下，光伏发电发展很快，风电发展脚步铿锵有力。根据国家能源局的有关资料，2014 年中国新增并网风电装机 1 452 万千瓦，新增光伏发电装机 1 058 万千瓦，新增核电装机 549 万千瓦；可再生能源占能源的比例已经超过核电。此外，页岩气产量达到 12 亿立方米，煤层气（煤矿瓦斯）抽采量 171 亿立方米。长远来看，国家以大力推进能源消费革命、能源供给革命、能源技术革命、能源体制机制创新以及能源国际合作为主线的能源革命，将带动相关产业的快速发展，相关的技术及其产业化会成为亮点。

（3）节能环保，被视为抢占未来竞争制高点的战略选择，也催生了相应产业和业态。中国的节能环保产业包括节能、环保、资源循环利用三个方面。第四次全国环保产业调查结果显示，到 2012 年，环保产业从业单位 23 万家，从业人员 319 万以上。按调查数据推算，2004—2012 年，中国环保产业年均增长超过 20%，主要得益于国家节能环保措施的落实。按照相关规划，“十二五”期间节能环保产业产值年均增长 15% 以上，到 2015 年产业规模将达到 4.5 万亿元。在政策继续加压和雾霾频发的背景下，环保概念板块受到 A 股市场关注和股民追捧。随着“气十条”“水十条”“土十条”等环保措施的出台和实施，相关环保产业仍将保持高速增长的势头。

（4）高新技术产业、新材料、海洋产业、金融业、养老服务业等，也会迅速发展。如果说移动互联网改变了许多行业的业态，3D 打印、智能化等将重塑制造业的核心竞争力。

2. 区域发展呈现新特色。近阶段，“一带一路”“京津冀协同发展”“长江经济带”成为区域发展的重中之重，这也体现了十八届三中全会确定的“一张图管到底”的精神。生态功能区规划，明确了哪儿该建城居住，哪儿该发展农业解决 13 亿人的吃饭问题，哪儿该保护生态环境给我们子孙留下足够的资源和发展空间。2013 年，中央城镇化工作会议明确提出到 2020 年实施的“两横三纵”战略：由长江三角洲、长江中游江淮城市群、武汉城市圈、成渝城市群等构成的沿江主线和沿陇海铁路（也称丝绸之路经济带）主线构成的“两横”；由沿海主线，北京到广州、北京到哈尔滨主线和包头到西安、成都、昆明主线构成的“三纵”；战略的核心是形成合理的分工协作、错位竞争关系，形成包含超大型城市到中小城市、小城镇等不同规模的城市体系，提升整体竞争力。

3. 城镇及基础设施建设仍将是发展的最大潜力所在。随着城镇化的推进和大量进城农民的市民化，将带来巨大消费需求。推进城镇化，可以为群众的就业率、收入水平和消费能力的提高等创造条件。改革开放之初，“要想富先修路”是全国各地都能看到听到的口号，这也说明了高速公路等基础设施建设对于中国现代化的重要性。中国以往投资的重点领域之一是城镇及基础设施建设，未来一段时间内仍将如此。从人们日常生活需要的水、电、燃气、热力、路、通信、生活垃圾和污水处理处置设施，商贸、金融等生产性服务设施，到文化、教育、卫生等公共服务设施的建设和维护，都要大量的投资，也是发展潜力最大的地方。

总之，中国经济在转型中迈入新常态，如果能适应新常态，及时调整发展战略，中国的经济发展会展现亮点纷呈的局面。

适应常态，调整战略与政策

产业的发展、区域的协调、城镇化的推进、生态文明的建设等方面，也应适应增长减速、增长动力转化等的变化趋势。适应新常态，需要加大改革力度，破除阻碍发展的藩篱，激发经济主体的活力；只有抓住机遇，创新体制机制，化压力为动力，变挑战为机遇，培育新常态下的发展亮点和特色，形成新的发展模式，才能在跨越各种“陷阱”的进程中迈向新常态。

1. 加大改革力度。改革的目的是破除藩篱，释放市场主体的潜力，激发经济增长的活力。当前，中国需要改革的领域众多，对此2014年底的中央经济工作会议明确了要加快行政审批、投资、价格、垄断行业、特许经营、政府购买服务、资本市场、民营银行准入、对外投资等领域改革；强调推进国企改革要奔着问题去，以增强企业活力，提高效率为中心，提高国企核心竞争力。土地产权和户籍改革则是推进城镇化的重点。必须通过改革，让被已有认知和行为惯性束缚的内生动力和潜力真正释放出来。

2. 拓展财政收入来源，调整投资方向和政策导向。在中国财政收入由高速增长向中低速增长的转变中，应拓展税收来源，将开征不动产税纳入议事日程。在公共财政投资方向上，应将改善民生、国家安全、社会稳定、生态文明建设、技术创新等作为方向和重点。出口退税不能作为经济发展的调节杠杆，而应按国际惯例给予出口产品零税率，并作为普惠政策加以实施，以保持中国产品出口的国际竞争力。中国众多自贸区的试点，正在探索这种政策；在一些先行先试地区取得经验后，应加大推广应用范围。建立财政转移支付同农业转移人口市民化挂钩的机制，逐步实施融居住登记和就业、社保、租房、教育、计生等多种服务和管理功能于一体的居住证制度，实现进城农民工在子女就学、社会保障、技能培训、公共卫生、养老等方面的公平和待遇均等。

3. 发挥市场配置资源的决定性作用。在生态文明建设领域，应更好地利用PPP机制，完善污染物排放许可制，推行节能量、碳排放权、排污权、水权交易制度，开展市场交易，利用资本市场募集更多的资金，吸引社会资金进入生态文明建设领域。建立全国范围统一公平、覆盖主要污染物的污染物排放许可制，为排污权交易市场的发展奠定基础，创造条件。如果在生态文明建设中不注重改善民生，不解决好影响居民生活的重大问题，难以实现生态系统的良性循环。应树立绿水青山就是金山银山的理念，在发展中保护、在保护中发展，走出一条生产发展、生活富裕、生态良好的文明发展之路。

4. 完善社会治理结构，实现经济社会可持续发展。社会治理体制是一个复杂的系统工程，涉及经济、政治、社会等诸多领域的制度建设。应抓住关键问题，推进社会治理模式的全面变革：从主要依靠政府走向全社会共同参与；从依靠行政手段为主走向全面推进依法治国，建设法治国家；从以“管”为主走向管理与服务的有机结合；从治标为主走向源头治理、标本兼治。中国仍处于矛盾凸显期和风险高发期，应控制居民收入差距扩大的趋势，以保障社会稳定。改革收入一次分配制度，形成合理有序、更加公平的收入分配格局。建立公平、可持续的社会保障制度。尽管中国社会保障制度已实现“全覆盖”，但多种医保、养老模式并存，缴费标准不同，待遇差别较大。应加快实现基础养老金的全国统筹和并轨，并建立与经济增长、物价水平等指标挂钩的正常增长机制。

适应经济增长的新常态

*

北京大学国家发展研究院副院长
黄益平

自2011年年中以来，市场参与者对中国经济硬着落的担忧一直没有间断过，随着政府增强了稳增长措施的力度，中央银行几次降息、调减存款准备金比例，并对商业银行贷款决策进行窗口指导，国家发改委也加快项目审批速度，尤其是给一大批清洁能源、轨道交通以及机场等项目开了绿灯。可惜的是，部分投资者对上述措施的效果深感失望，因为经济增长没有如2009年那样强势反弹，部分投行经济学家一再指责经济决策严重滞后于经济周期。但市场人士可能没有意识到，决策者的思路已经发生了转变，如果说过去经济政策的目标是“刺激增长”的话，现在的政策目标则已经转变为“稳定增长”。

导致决策者与投资者对经济形势判断产生差别，可能有技术层面的原因，比如市场普遍不信任官方统计数据。投资者往往根据上市公司生产、销售和盈利的数据来判断宏观经济形势。在这一次经济调整过程中，消费相对比较平稳，对经济增长的贡献也进一步增加。但上市公司所经营的消费品大多是高档奢侈品，这些消费品需求的收入弹性比较高，经济下行时受到的冲击也比较大，因此总体消费表现也与上市公司业绩之间存在明显的差距，导致投资者更加容易持悲观的态度。另外，有些投资者喜欢以电力消费来推断工业生产状况，但如果轻重工业产出构成发生巨大变化，耗电量并不能很好地反映总体工业生产水平。

决策者与投资者对经济政策看法大相径庭的另一个原因，体现在对这次增长减速究竟是周期性还是结构性调整的两种基本判断。如果是周期性减速，政府应该采取宏观经济政策推动增长回升，而如果是结构性减速，则政府应该接受相对比较低的增长速度。

经济增长出现“新常态”

事实上，引起这一轮增长减速的因素，既有周期性的也有结构性的，而且可能是以后者为主，就业和通胀两个指标的变化可以佐证这个观点。在1997—1998年亚洲金融危机和2008—2009年全球金融危机期间，中国经济增长急剧减速，与此同时发生了两件事情：一是大量的失业，二是出现了通缩。失业与通缩表明经济正在以远低于增长潜力的速度运行，即出现了大量的闲置能力。在那样的情况下，采取宏观经济措施提高增长速度，应该是恰当的反应。

但现在的情形却并非如此。GDP增长率降低了，但劳动力市场状况仍然十分紧张；工资还在大幅度上升，尽管最近出现了一些疲软的态势。根据人力资源与社会保障部全国多个城市就业指导网的数据，自2010年下半年以来，空缺数量持续超过求职人数；CPI在经过一年多的下行之后，已经领先于GDP增长止跌回升；PPI仍然在下行，表明生产品过剩的问题比较严重。CPI上升主要集中在低端产品与服务产品，这与总体通胀压力上升并不矛盾，目前的成本压力首先来自低技能劳动力，而且一般制造业产品的价格是由国际市场决定的。因此，总体看来这两个指标的走势表明实体经济运行可能并没有太多地偏离经济增长的潜力。

而比较严格一点的做法是直接估计经济增长的潜力。亚洲开发银行研究局和北京大学国家发展研究院的联合研究认为，中国的经济增长潜力已经从2000—2010年的10.4%下降到2010—2020年的8%，而且可能进一步下降到2020—2030年的6%。如果这个估计是准确的，那么当前经济增长速度确实没有大幅低于增长潜力，这个水平与世界银行和中国社会科学院蔡昉的估计大致相当。比较一致的看法是，经济增长的潜力目前已经大致落在了8%这样一个水平。

如果这些估计结果准确的话，那么尽管经济增长可能已经在短期内触底，未来大幅回升的可能性并不大。有的专家预言，我们将观察到L型的增长轨迹，这一判断似乎有些夸张，因为普遍的预期是未来一年经济增长的速度会缓步往上。但L形的增长轨迹也并不一定指增长速度肯定不会有所提高，而是表明经济增长可能会围绕着新的增长潜力波动，而不会像V型或者U型增长轨迹所指示的那样，最终回到起点水平，这就是我们所说的经济增长的“新常态”。在这个经济新格局下，经济政策的目的不再是人为地推高经济增长速度，而是让增长在新的潜力水平附近稳定下来。

形成经济“新常态”的背景，是中国经济正在经历一场从经济奇迹到常规发展的转型。改革的头 30 年所获得的巨大成就是产品市场开放与要素市场扭曲的共同结果，但随着人口结构的变化、资源价格的改革和金融市场的开放，长期支持经济增长的低成本优势正在快速消失。这些将促使中国经济逐步走向常规发展，同时带来一系列的重大变化，包括较低的经济增长、较高的通货膨胀、更为公平的收入分配、更为平衡的经济结构、加速的产业升级换代和更为激烈的经济周期，这些将构成中国经济的“新常态”。与这个转型同时出现的，是中国经济将面临“中等收入陷阱”的挑战。

经济决策需要新思维

要适应中国经济增长的“新常态”，决策者与投资者都需要改变思维方式，而不能再以过去的老方法来管理经济与投资。而要做到这一点，我们首先需要接受或者承认一些已经发生或者正在发生的事实，这些目前尚存在很大争议的现象其实已经或者即将成为经济与投资决策的重要前提条件。

我们要接受的第一个事实是，中国经济增长的“新常态”，与强烈的刺激政策相伴的高速增长已经一去不复返了，宏观经济政策的目标要由过去的保增长转向追求“又好又快”的增长。比如随着低成本优势的消失，经济发展需要更多地依赖技术创新和产业升级。过去政府以强大的资源动员能力推动经济增长，但未来高度集中的决策机制也许不利于创新能力的培养，需要更多地依靠市场的调节与分散的决策。政府的功能应该更多地转向支持基础研究、基础设施，并有重点地鼓励、引导和推动新兴产业的形成与发展。

我们要接受的第二个事实是劳动力短缺已经普遍发生，尽管这并不表明失业不再是主要的宏观经济风险。劳动力市场已经经历所谓的刘易斯拐点，即由剩余变成了短缺，这一点在实业界已经有清楚的共识，但在学术界与决策部门一直争议比较大。造成这种认识分歧的一个重要原因是数据不清楚，官方一直只统计登记的城镇失业率，根本不反映城市的就业状况。劳动部门制定的新增就业目标，在十多年前是一千多万，现在还是一千多万，完全忽视新增劳动人口已经基本停止增长甚至下降这样一个客观事实，混淆了净增就业与新增就业的差别，人为夸大了就业压力，其实现在每年退休人数已经与每年新增劳动力人数几乎相当。

当然，经过刘易斯拐点并不意味着就业的压力就会减轻。当前劳动力短缺与工资上涨，产业就面临非常大的升级换代的压力，如何保持数亿农民工的就业机会其实正是中国能否跨越中等收入陷阱的一个重要考验。要解决这个问题，需要经济结构的快速转变，比如将从低附加值的制造业中分离出来的工人转向高附加值的制造业和高速扩张的服务业。但要做到这一点，就要求大幅提升农民工的技能，不然他们未来将无法在高附加值的制造业中继续就业。因此，政府、企业、工人和社会应该花大气力投资教育和培训，提高农民工的知识和技能。

我们要接受的第三个事实是经济结构再平衡已经开始，但完成这个过程还需要进一步的政策改革要素市场扭曲、减少国有部门垄断和改善收入分配格局。再平衡不仅体现在外部失衡的减少，也反映在消费比重的增加。官方数据表明，消费占GDP的比重从2000年的62%下降到2010年的47%，而且这一趋势目前还在延续，但笔者和清华大学李稻葵等分别组织的研究发现，最近几年消费占GDP之比已经开始逐步回升，并且认为推动这一转变的主要因素是劳动工资高速上升，增加了居民收入在国民收入中所占的比例，因此消费的增长快于经济增长。

从宏观数据看，近几年消费对GDP增长的贡献已经与投资拉平。而消费重要性的上升，可以增加经济的稳定性，同时降低对经济刺激政策的需求。但再平衡的过程才刚刚开始，有些变化特别是外部顺差的减少可能还会出现反复，因此政府需要进一步采取措施减少要素市场的扭曲，促进经济结构的进一步调整。

我们要接受的第四个事实是难见出口持续高速增长，而且资本净流出可能成为一种常态。即便全球经济复苏，增长也很难恢复本世纪初以来、全球危机之前高速增长的局面，况且中国已经成为世界各国贸易制裁措施的主要目标，保持出口高速增长难度更大。这也意味着未来经济增长将主要依靠国内需求，而外部失衡的减少也表明短期货币升值的压力也会有所缓解，这给汇率实现双向波动甚至最终实现自由浮动提供了比较好的经济基本面条件。

经济“新常态”对经济决策提出的最重要的要求是放弃单纯追求GDP增长的政策目标，因为简单的GDP高增长已经不一定是最好的经济结果。最近几年，一些决策部门和智库研究新的政策评价体系，包括绿色GDP以及经济指标的综合体系等，客观地说这些方案很难达到预期目的。究其原因，一是因为任何无法直观理解的目标体系往往都难以执行和监督，GDP行之有效就因为其简单性、直观性。二是所有这些指标所延续的就是从上往下的威权体制的旧思路，它与经济“新常态”是格格不入的。

“新常态”下的经济政策效果应该更多地由市场与百姓来评价。市场承认的和百姓满意的就应该算是好的政策，但这不可避免地要求政府放权给市场，同时引进一些自下而上的政治决策机制。过去几十年经济成功的一个重要原因是政府干预逐步让位给市场调节，在“新常态”下这个进程应该进一步加快，当然这并不意味着政府不再发挥重要的作用甚至简单地退出。过去政府依赖其强大的资源动员能力，在一定程度上直接参与了经济活动，特别是固定资产投资，这一做法在经济改革与经济发展的初期，相当有效，但在经济进入“新常态”之后，政府的功能似应更多地集中到调控宏观环境、弥补市场失灵以及引导产业升级上。

引领经济新常态走向好的新常态

*

国务院发展研究中心资源与环境政策研究所副所长
李佐军

经济新常态是我们期望出现的经济较理想的状态，它不会自动出现，需要进行引领，以走向好的经济新状态。

正确理解新常态

从字面上看，“新”即“有异于旧”，“常态”是相对稳定的状态，“新常态”是不同以往、相对稳定的状态。它是一种趋势性、不可逆的发展状态，意味着中国经济已进入一个与过去30多年高速增长期有所不同的新阶段。

经济新常态是一个含义丰富、具有深意的重要表述。保持战略上的平常心态，最重要的是要对经济增速下滑不必过分惊慌，认清其必然性，在尊重规律中顺势而为，不要动辄进行过度干预。未来的政策不应频繁变动，而应保持相对稳定，给企业和社会稳定的预期。也就是说，经济增速的适度放缓和合理波动，已被决策层所认可，政府的更多注意力将放在体制改革与结构调整上，而不再像以往那样动辄下猛药来维持高增长。

需要说明的是，西方也存在“新常态”，它被西方舆论普遍形容为危机之后经济缓慢而痛苦恢复的过程，反映了西方经济存在周期性波动乃至周期性危机的现实。习近平总书记所说的“新常态”显然不是从危机角度来说的，而是从中国经济发展阶段的变化、经济结构的变化、经济制度环境的变化等角度来说的。

与新常态对应的旧常态

经济旧常态时期从何时开始算起？笔者认为有两种算法：一种是从1978年或改革开放启动时算起，另一种是从2002年开始算起，截止时间可以确定为2012年党的十八大召开之前。旧常态时期中国经济特点如下：

第一，经济高速增长。1978—2012年，中国经济保持了年均9.8%左右的高速增长，2003—2007年更是达到了年均11.6%以上的增长速度。这在世界经济增长史上并不多见，被称为“中国奇迹”。

第二，经济增长模式比较粗放。在此时期，中国经济主要依靠大规模资源能源投入来拉动增长，以致积累了比较严重的资源环境问题。经济增长主要依靠要素投入推动，据华冬芳等人采用索洛余值法估算，1979—2009年全要素生产率对中国经济增长的贡献率仅为28%，资本投入对经济增长的贡献率达到6 324%，要素投入仍是经济增长的主要推动力。同时，投资效率较低，据史正富的研究，1978—2010年中国的资本产出比为392，美国1965—2010年的资本产出比为529，日本1980—2010年的资本产出比为1 469。

第三，产业结构以工业为主。1978 年以来，中国工业化快速推进，2000 年以来重化工业更是快速发展，工业特别是重化工业成为推动经济增长的主要力量，形成了以工业为主的产业结构，直至 2013 年第三产业占 GDP 的比重才开始超过第二产业的占比。大规模建设工业园区、增加工业产值，成为各地的主要追求目标。

第四，政府主导型经济体制。虽然经过 30 多年的改革开放，市场化改革取得了明显进展，经济的市场化程度大幅度提高，但政府主导经济的体制始终没有发生根本的变化，各级地方政府程度很深地直接参与了经济建设，中央政府对经济的干预也很频繁，政府与市场的关系一直没有完全理顺。

目前中国经济处于过渡态

既然有“新常态”和“旧常态”，它们中间就还有一个“过渡态”。经济过渡态时期从 2012 年到 2016 年或者 2017 年，估计约 5 年左右时间。过渡态时期持续多长时间取决于改革和转型的速度和顺利程度。

目前中国经济并非已处于新常态，而是处于向新常态过渡的过程中，或者说，目前中国经济正处于过渡态时期。目前更准确的阶段判断是处于经济增速换挡期、结构调整阵痛期、前期刺激政策消化期三期叠加的时期，只有当度过这一时期后，经济才真正进入新常态时期。经济增速大换挡、结构调整大变动，都不是一种稳定的常态，只有当“三期叠加”走完之后，高房价问题、地方债和企业债问题、产能过剩问题、金融风险问题等解决后，新的经济制度环境形成后，经济才进入较稳定的新常态。

经济过渡态的内涵包括四个方面：第一，新旧形态掺杂，既有旧的形态，也有新的形态。第二，经济不太稳定，由于经济处于增速换挡过程中，总体表现不太稳定。第三，不可持续，既然经济不太稳定，就不希望它持续太长时间，而是希望它尽快进入新常态时期。第四，存在经济结构调整阵痛，因为过渡态时期也是经济结构调整的阵痛期，一些产能过剩行业、附加值较低的行业项目将被淘汰，必然伴随着部分企业破产的阵痛。

在过渡态时期我们面临着如下问题和挑战。

第一，多种问题碰头。不仅有经济方面的问题，还有政治、社会、文化和生态等方面的问题，不同问题交织在一起，错综复杂，考验着党和政府的调控智慧。同时，国内问题还与国际问题交织在一起。

第二，面临着诸多两难选择。比如稳增长与调结构、稳增长和控风险、稳增长与促改革、稳增长与保环境之间，都存在两难选择。许多人认为，改革一定有利于经济增长，其实不完全如此，原因有：一是改革的目的是多元的，包括经济增长和社会公平等，有时为了维护社会公平不得不牺牲一些经济增长，而且社会公平确已成为矛盾的主要方面；二是部分改革有可能震破泡沫，影响经济增长。同时，稳增长与保环境（或建生态）之间也存在两难，要想有好的环境，经济增长速度就不能太快。这些两难问题需要我们通过高超的宏观调控艺术去解决，需要像“走钢丝”一样去维持平衡。

第三，需要花较多的精力防范、控制和化解经济风险。过去十多年的超高速增长积累了一些风险和泡沫，化解这些风险和泡沫仅靠改革、转型和创新还不够，还需要运用其他一些特殊的手段，特别是挤泡沫和释放风险的手段。

经济新常态是由多种新常态构成的画卷

经济新常态时期是指2016年或者2017年往后的5年或10年甚至更长

时期，因此经济新常态是我们要努力实现的目标状态。

经济新常态的内涵有三个方面：第一，新常态有很多新的表现形态，既与旧常态时期的形态不一样，也与过渡态时期的形态不完全一样，新形态集中体现后述六大特征中。第二，新常态应是相对稳定的。用经济学的语言来说，应是均衡的，这也是常态的应有之义。如果经济还在急剧变动，还在增速换挡，还在调整阵痛，就还没有进入新常态时期。正因如此，真正的新常态是几年之后的事情。第三，新常态应是可持续的。因为既然是常态，那就不能很短暂，就应持续比较长的时间。

经济新常态有如下六个方面的特征。

第一，经济增长速度的新常态。即经济增长速度由过去 30 多年 8%左右的高速增长，转为今后五年左右 6%~8%的中高速增长，再往后可能是更低的中速增长或中低速增长，因为这是经济社会发展的规律性现象，当一个国家或地区工业化、城镇化达到一定阶段后，经济增长速度就要下台阶。当 2030 年前后中国成为发达国家后，经济增长速度有可能进一步下降到当今西方发达国家 2%~4%的水平。

第二，经济结构的新常态。主要表现为消费结构、产业结构、区域结构和排放结构的新常态。其中，消费结构的新常态表现为“学乐康安美”（学习、快乐、健康、安全、美丽）的需求占比越来越高，“吃穿住行用”需求的占比相对下降；产业结构的新常态表现为服务业或者第三产业比重占主导地位，并越来越高，高新技术产业、先进制造业、绿色低碳产业比重进一步提高；区域结构的新常态表现为新型城镇化水平进一步提高，城乡差距和区域差距进一步缩小；排放结构的新常态表现为废水、废气、废渣、二氧化碳等的排放逐步减少，氧气、水蒸气的排放逐步增加。

第三，经济质量的新常态。主要表现为：经济效率（劳动力生产率、土地生产率等）进一步提高，经济效益进一步提高，整个经济的竞争力进一步提高。

第四，经济增长动力的新常态。主要表现为：由原来的要素驱动和投资驱动转为创新驱动；由主要依靠出口、投资、消费“三驾马车”拉动经济增长，转为主要依靠制度变革、结构优化和要素升级“三大发动机”（简单说即改革、转型、创新）拉动经济增长；需求动力结构内部，由主要依靠外需转为主要依靠内需拉动经济增长，由主要依靠投资转为主要依靠消费拉动经济增长，由主要依靠政府投资转为主要依靠社会投资拉动经济增长。

第五，财富分配的新常态。主要表现为：由主要实现国富转为主要实现民富，由少数垄断行业富裕转为各个行业共同富裕，由少数人暴富转为绝大多数人共同富裕。也就是说，要提高居民收入在整个收入分配中的比重，使收入财富分配更加公平合理，让广大老百姓分享改革和发展的成果。

第六，制度环境的新常态。主要表现为：由政府主导型经济体制转为市场主导型经济体制，政府则由权力型政府转为服务型政府、由经济型政府转为社会型政府，真正发挥市场在资源配置中的决定性作用，更好地发挥政府的作用。同时，按照依宪治国、依法执政的要求，由人治转向法治。

新常态并不会自动实现

新常态意味着一系列新的机遇。由于中国经济总量已很大，基数已很高，即使保持中高速增长，也将为全球经济创造很可观的增量，带来巨大的市场投资机会。随着中国经济结构的不断优化升级，第三产业、高新技术产业、装备制造业、绿色低碳产业将呈现越来越大的发展空间，中西部地区和一些新兴城镇、新兴农村地区将产生越来越多的机会。随着经济增长动力结构的多元化，中国经济的活力将进一步增强，效率将进一步提高，制度环境将进一步规范。随着财富分配更多惠及广大民众，中国内需潜力将进一步提高，民众创新创业的积极性和创造性将进一步迸发。

进入新常态并不会一帆风顺，一些潜在风险正渐渐浮出水面，新常态不会自动实现。经济发展模式存在惯性，企业、民众和政府对高速增长有“路径依赖”，当经济速度换挡、结构调整时，难免会出现阵痛，引发一些问题、矛盾和风险。特别是多年来积累的高房价、地方政府债务偏高、影子银行、产能过剩等，在进入新常态过程中会使一些潜在风险暴露出来。对此，必须高度重视，通过改革、转型、创新和科学的宏观调控予以防范和化解。

引领新常态的短期对策

从短期看，引领新常态、实现向新常态平稳过渡的对策有：

一是顺增长，控风险。顺增长也就是要尊重经济规律，顺应经济增长的态势，不要过度阻止经济速度的调整。在顺增长的过程中，可能会出现一定的经济风险，因此要做好防范、控制和化解风险的工作，将风险控制在一定范围内，避免经济的大起大落。控风险需要从两个方面着手：一方面是解决好存量风险，主要是锁定、释放和化解存量风险；另一方面是控制好增量风险，主要是减少增量风险。

二是去产能，挤泡沫。产能过剩问题不可能悄然化于无形，包括产能过剩、高房价、地方债务、影子银行等在内的经济泡沫不可能只通过改革、转型、创新就轻易解决，改革、转型、创新主要可解决培育新增长点的问题，至于淘汰产能过剩、化解经济泡沫还需要通过其他办法来解决。在去产能、挤泡沫的过程中，风险难以避免。有了风险怎么办？回避不是办法，往后拖延也不是办法，只有勇敢地面对，积极化解，才是正途。化解的一个重要办法是释放风险，而非捂住风险，释放风险需要技巧，并把握好力度和节奏。

三是守底线，稳社会。为了维护社会的基本稳定，在向新常态过渡的过程中，一定要有底线意识，要将最坏的情况想好，提前作好充分的应对准备，尽可能将各种矛盾和问题控制在一定范围内。

引领新常态的长期对策

第一，推进“五位一体”的全面改革。按照党的十八届三中全会决定的要求，推进经济、政治、文化、社会、生态“五位一体”的改革。其中，当前比较紧迫而重要的改革是政府行政管理制度改革、财税制度改革、金融制度改革、国有企业改革、垄断行业改革、土地制度改革、司法制度改革、户籍制度改革等。推进这些改革要采取合理的改革方式，一方面要搞好顶层设计，另一方面也要充分调动基层各个方面的改革积极性和创造性。

第二，推进七大经济转型。一是生产要素投入结构的转型，即由原来主要依靠劳动力、资金、资源能源等一般性生产要素拉动经济增长，向今后主要依靠技术、人才、信息这些高级要素拉动经济增长转型。二是排放结构的转型，即增加氧气、水蒸气等好的排放，减少废水、废气、废渣、二氧化碳等不好的排放，途径是推进绿色发展、低碳发展、循环发展，建设生态文明。三是产业结构的转型，包括推进产业结构的高度化或高级化、产业高端化、产业特色化、产业集群化、产业品牌化、产业绿色低碳化、产业融合化、产业国际化、产业信息化等九个方面。四是区域结构的转型，包括推进新型城镇化、推进城乡一体化或缩小城乡差距、促进东中西部协调发展三个方面。五是经济增长动力结构的转型，涉及两个层面：一个是由原来主要依靠“三驾马车”来拉动经济增长，向主要依靠制度变革、结构优化、要素升级“三大发动机”来拉动经济增长转型；另一个是需求结构内部的转型，包括由原来主要依靠外需向主要依靠内需拉动经济增长转型，由原来主要依靠投资向主要依靠消费拉动经济增长转型，由原来主要依靠政府投资向主要依靠社会投资拉动经济增长转型。六是财富分配结构的转型，包括由原来主要强调国富向主要强调民富转型，由原来主要是少部分垄断行业致富向更多行业共同致富转型，由原来少部分人富裕向更多人共同富裕转型。七是发展目标结构的转型，包括由原来主要追求大国向主要追求强国转型（强国包括科技、文化、教育、军事、外交等的强大，而不仅是GDP的数量大），由原来主要追求物质财富的增长，向主要追求无形财富和有形财富的共同增长转型，由原来主要追求经济总量的增加，向主要追求经济效益和质量的提高转型。

第三，推进全面创新。全面创新包括观念创新、技术创新、管理创新（含服务创新）、模式创新等内容。观念创新主要解决思想的建设问题，培育全民的创新意识。技术创新必须落实到产品和工艺创新层面，而不是制造很多华而不实的“科研成果”。管理创新包括管理手段的创新、管理内容的创新和管理服务的创新等。模式创新主要指发展模式创新和商业模式创新等。总之，全面实施创新驱动，通过创新寻找新的经济增长动力，培育新的增长点。

长期对策主要是改革、转型、创新三个方面，它们对应着前述经济增长动力的“三大发动机”，也对应着笔者提出的人本发展理论的三个方面：“制度引导人”“资源装备人”“分工安置人”。只有采取这些长期对策，同时结合短期对策，才能顺利实现经济向新常态的平稳过渡。

寻找向新常态过渡的“新动力”

我们先来分析一下经济增长客观上有哪些动力？

第一组动力：需求侧动力，即出口、投资、消费“三驾马车”。过去多年来，很多人将其看作是经济增长的基本动力，外需不行了就扩大内需，投资不行了就增加消费。不能否认，这“三驾马车”确实是经济增长需求边的短期动力，但也要认清：它们仅仅是需求侧的动力，短期的动力，而且是有许多副作用和后遗症的动力，是经济危机和经济过度下行非常时期的非常举措。

第二组动力：要素投入动力，即通过大规模要素投入也能带来经济增长。众所周知，在生产函数关系式中，等号左边是GDP或者产量，等号右边就是资金、劳动等生产要素。过去30多年，我国就是通过大规模的生产要素投入，实现了经济的高速增长。

第三组动力：效率提高动力。在生产函数关系式中，不能被要素投入解释的经济增长部分，可以用全要素生产率来解释。也就是说，提高生产率或全要素生产率也能带来经济增长。那么，影响全要素生产率的因素又是什么呢？是制度变革、结构优化和要素升级这“三大发动机”。

其中，制度变革或改革通过调动经济主体的积极性和创造性、优化资源配置、改善消费者和投资者预期等途径释放生产力；工业化（含产业转型升级）、城镇化、区域经济一体化等结构优化，通过将人口和生产要素从低效率部门或区域向高效率部门或区域转移释放生产力；技术进步、人力资本增加和信息化等要素升级，通过直接提高要素生产率和国民经济运行效率释放生产力。

第四组动力：中国特色动力——“五驾制度马车”。前三组动力都是用经济学比较容易解释、世界各国都通行的动力，除了这些动力之外，中国经济的高速增长还有五个特色动力。

第一，“价格制度动力”。即通过价格管理部门的价格管制，将许多商品的价格，特别是生产要素的价格，人为地压低或扭曲，形成低成本竞争优势，促进出口，带来经济增长。其副作用是过度消耗了祖宗留下的资源，并把子孙后代的资源提前用了。

第二，“财税制度动力”。主要是通过财政支出安排偏向经济建设来促进经济增长，这与那些将社会福利保障支出优先安排的国家有所不同。

第三，“金融制度动力”。突出表现在货币制度设计上，在央行不独立的情况下，货币发行要重点满足经济增长的需要，而非主要维持币值稳定。

第四，“土地制度动力”。在城乡差别土地制度下，政府可以将农民和农民集体的土地低价买过来，经过整理后再高价卖出去，形成“土地财政”，再通过“土地财政”推动地方经济的高速增长。

第五，“考核制度动力”。长期以来，地方政府干部考核主要考核GDP、财政收入和工业增加值等指标，于是各地竞相追求GDP的高速增长，形成万马奔腾的局面。

这五大特色制度动力可以部分解释中国经济高速增长的现象。问题是，当中国经济发展到今天这一步，上述哪些动力开始靠不住了？哪些动力是未来必须主要依靠的动力？笔者认为，未来必须依靠的主要动力只能是“三大发动机”，原因有两个方面：

一方面，另外三组动力越来越靠不住了。如“三驾马车”中的出口，随着国际经济形势的变化，明显下台阶了，从以往的年增长20%以上，降到了近几年的8%左右，2012年、2013年出口都只增长了79%，2014年前10个月只增长了不到6%。投资的边际效益明显下降，且遇到了巨大债务压力。消费一直相对稳定，难以有大的改观。

通过大规模生产要素投入来拉动经济增长，则遇到了资源越来越短缺、环境污染压力日益加大、雾霾很严重的挑战。“五驾制度马车”在带来经济高速增长的同时，也带来了很多问题，它们正是十八届三中全会决定确定的全面改革要解决的问题。

另一方面，“三大发动机”既健康又富有潜力。制度变革、结构优化、要素升级“三大发动机”是通过提高生产率来促进经济增长，因而是健康、可持续的。中国目前的许多制度还不成熟、不合理，正因为不成熟、不合理，还可以通过改革来释放制度变革的生产力。中国的工业化、城镇化正处于中后期阶段和加速发展阶段，还有巨大的释放结构生产力的潜力。技术进步、人力资本增加和信息化等要素升级都还有很大的提升空间。

总之，在向新常态过渡时期，必须寻找经济增长的“新动力”，新动力只能是制度变革、结构优化、要素升级（或改革、转型、创新）这“三大发动机”。

中国经济和资本市场：变局之下路在何方？

*

民生证券研究院执行院长
管清友

经济：进入十字路口，唯有靠改革突围，但难度巨大

中长期来看，中国经济正处于结构性因素导致的经济下行周期。中国经济高速增长30多年，每年GDP的平均增速都保持在9%以上，相比于很多国家，过去30多年中国的经济增长已经是一个奇迹。但是，所有高速增长的经济体都会出现减速，或第三个十年或第四个十年，这些都很正常。

对中国经济而言，人口结构的变化是经济下行的结构性因素。一直以来，人口红利都是我国经济发展的重要支柱，庞大的人口基数所贡献的廉价劳动力推动了数十年的高速发展。在过去近40年的时间里，中国人口抚养比从78.5%一路下滑至37.8%，劳动力人口即15—64岁人口占比从57%升至

74.5%，在此带动下，国民总储蓄率从30%左右大幅攀升至2008年的53.4%。

但从2011年开始，中国的人口结构迎来拐点，劳动力人口比例开始下降，老龄人口占比加速上升。我们估算，未来劳动力人口占比将降至70%以下，这会产生两方面影响：第一是房地产不再是中国经济增长的中坚力量。以22—29岁的婚龄刚需人口为例，该年龄段人口将从2014年的2.3亿人下降至2020年的1.7亿人；第二是劳动力成本将出现大幅上升。电视剧《外来妹》中演的500元雇用一个工人劳动一个月的状况已不复存在，现在二代农民工也是玩着iPad（苹果平板电脑）、用着智能手机长大的。人口结构和人口红利的衰减倒逼制造业转型，但这是一个缓慢而又痛苦的过程。

短期来看，2008年金融危机后，外需举步维艰，政府加杠杆置换外需萎缩，随后出现了产能过剩、投资效率低等问题，加之后续债务对经济总需求产生的收缩作用，诸多因素共振之下，导致经济近几年增速不断下台阶。

高压反腐是导致经济下行的另一个重要原因。必须强调，我们很支持反腐，大力反腐之后，集团消费大幅降低，同时地方政府行为也有所改变，出现消极怠工、懒政怠政等情况，因为这个时候相比于“大拆大建”去建功立业，倒不如选择“明哲保身”。积极的现象是反腐之后，地方政府融资需求出现了萎缩，预算软约束主体融资需求下降为货币宽松空间，其他市场化融资主体融资成本也得以下降。

当前的经济形势，中央用“新常态”总结得十分到位，增长速度换挡期、结构调整阵痛期、前期刺激政策消化期三期叠加。2008年为应对金融危机出台的4万亿投资政策虽有利于短期经济恢复，但后遗症也在显现，它产生了严重产能过剩和债务累积，而目前我国正处于这一前期政策的消化期。重化工业时代已经结束，永久性进入低迷期，房地产行业也从过去10年的黄金期进入白银期，进入一个拐点，即长周期的库存消化期。

尽管经济不景气，但我不认同经济进入大萧条这一说法，萧条的定义是经济出现负增长，而我国的经济还没有出现负增长。目前我国的情况其实是通胀和通缩并存。通缩的指标是CPI出现连续三个月的负增长，而目前中国并不符合。尽管严格定义上，我国经济并没有出现通缩，但从PPI角度上来讲，我国PPI已经连续40个月负增长。所以，我国在一般消费品领域不存在通货紧缩，而在工业领域早已出现了通货紧缩。

这次经济不景气周期有多长？与以往不同，之前我们可以通过总需求管理，如发行货币、改革来改善，比如20世纪90年代末期的国有企业改革、亚洲金融危机中开拓出口等措施。而如今可打的牌却不多或者说很少，比如开拓出口，现在外需低迷开拓出口难；比如国企改革，现在其推进难度远比90年代末大得多；再比如减税，由于财政增收压力大，目前减税的余地也不大。所以，当前想通过短期的总需求管理来带动经济走出不景气周期难度很大。

这种长周期经济下行压力意味着简单的要素投入的路子行不通，中国经济内生性增长就必须改变生产函数，扩大生产前沿来实现，而这必须依靠提升全要素生产率。全要素生产率提升取决于两个因素，一是技术进步，二是制度改革。

一国经济的长期增长，最终取决于内生性技术进步和产业结构的升级。新一届政府一直强调实施创新驱动发展战略，加快从制造大国转向制造强国。实施“中国制造2025”和制定“互联网+”行动计划，采取财政贴息、加速折旧等措施，推动传统产业技术改造。促进工业化和信息化深度融合，推动移动互联网、云计算、大数据、物联网等与现代制造业结合，促进电子商务、工业互联网和互联网金融健康发展。

此外，化解资本过剩，进行传统产业技术改造的同时，还需要对外输出国内过剩产能，由出口产品转为出口资本，这也是“一带一路”提出的重要背景。“一带一路”战略，将助力中国基建“走出去”，并借助基建投资，一方面扩大高端设备制造产品的出口，助力产业结构升级；另一方面通过在国外发展产业园区，将不具备国际竞争比较优势的过剩产能输出到国外，为国内新增长点挪腾空间，打造新经济增长点和新产业链。

当中国经济过去30年的高速增长依赖的资本和劳动力等后发优势消失，除促进技术进步外，通过制度革新，激发企业家精神则是提高全要素生产率的另一途径。至于这条路怎么走，十八届三中全会至今已作过系统阐述，大体上包括：加大简政放权，实现“小政府、大市场”，推动大众创业、万众创新等。

尽管可以打的牌不多，但对于经济复苏，我认为不是无解而是有招的。根据之前所讲的，我的建议是通过改革释放全要素生产率，很多做法可以参照20世纪70年代日本经济转型的经验。

20世纪70年代初，高速发展的日本经济深陷产能过剩、企业债务高企、人力成本上升等困境，GDP平均增速中枢由60年代的10%骤降至70年代的4%，与中国面临的经济状况类似，也到了被迫转型升级的阶段。随着重工业产能过剩和劳动力成本的上升，资本和劳动对经济增长的贡献率下降。依托制度创新和技术进步，提高全要素生产率，成为当时日本经济转型的现实之需。那么，当时日本政府具体是怎么做的呢？

首先，日本当时经济转型核心的指导思想是促进市场配置资源作用的发挥。严禁政府对产业的过度干预和保护，产业政策侧重于促进资源开发、培育新兴产业、淘汰和转换衰退行业，以最大限度地发挥市场机制的资源配置作用。

其次，加大过剩产能淘汰力度。日本政府认为，过剩设备是导致钢铁、有色等行业长期萧条的最重要因素，而淘汰过剩设备是改善整个产业结构的首要措施。1977 年开始着手制定有关萧条行业去产能的《特定萧条法》，对于长期产能过剩行业中淘汰落后设备的企业，给予税收和低息贷款优惠。《特定萧条法》也对新增设备进行了限制或禁止，鼓励对现有设备技术改造，提高劳动生产率。同时给予小企业补贴，鼓励其退出市场，从而提高行业集中度。此外，政府鼓励向海外投资，从商品输出为中心转向资本输出为中心，把公害大、能耗多的过剩产能转向海外，这与我国“一带一路”的思路也是大体相似的。

最后，鼓励发展电器机械、精密器械等技术密集型产业。对使用计算机等新技术的产业给予政策优惠，如 1970 年设立电子计算机折旧规定，购买计算机的企业第一年可提取该机总金额 1/4 的特别折旧，1972 年又制定电子计算机开放促进费补助金制度，规定对开发费的 50% 进行补助。1978 年又颁布《特定机械信息产业振兴临时措施法》，提出要发展电子计算机、高精度装备和知识产业。

总结日本历史上成功的经济转型经验，可发现减少政府对市场的干预，发挥企业家创新精神，同时引导产业向技术密集型转变，以提高全要素生产率在经济增长的作用是中国经济转型值得借鉴的地方。

因此，我认为经济复苏只有靠改革，如果改革不够市场化、不够彻底、简政放权不到位，经济复苏将是遥远而又漫长的。因为目前新经济产生的增量是没办法对冲传统重化工去产能带来的冲击的。

我们需要经历一次砸机器倒牛奶的过程，而现在的政策思路是以时间换空间。为使经济增长保持在合理区间，即使知道经济要下滑，仍通过各种方法托住，使之下滑速度放缓，以避免引发社会问题。但经济运行有自身规律，比如产能过剩就需要去产能，用各种方法只能延缓，但不能释放风险，反而会使其越积越多，进而引发金融危机。

现在我们再讨论是否采用进一步量化宽松的办法，目前理论界没有很好的支撑。美国走的是这条路，但美国有自身优势，美国量化宽松的成本由全世界来承担，而中国QE（量化宽松）会引发资产价格进一步泡沫，原本产能过剩产业继续过剩。

其实目前中国不是不需要基础设施建设，比如地下管网的建设、停车场的建设、农村的改水改厕等，还是很需要。现在不论是债务置换还是发行专项建设债，模式和思路都是对的，但需要法治环境的进一步加强，投资的项目必须以项目现金流为支撑，否则只会累积更多的债务，而累积的债务只会以牺牲未来经济总需求的收缩为代价。

之前，我国还试用通过发展虚拟经济来带动转型升级，但经过此轮股灾后，发现这个方法也行不通，经济复苏的着力点还是要放在实体经济上。

我们提示过大家应该重视美联储货币政策常态化，美元上升期金融危机发生第三波风险，第三波高危国家包括印尼、阿根廷等国家。现在，我们需要重视金融危机第四波可能发生的事实，第四波肯定还有新兴市场国家，中国也在其列，能否顶得住，考验我们的智慧。这需要通过改革来提高人民币资产的收益率，抵抗资本外流的冲击。

2015年的GDP增速会是多少，这里有一个确定性因素和一个不确定因素。确定的是金融业对GDP的拉动难堪大任。上半年GDP险守7%主要得益于金融业 17.4%的逆势高增长，而过去金融业增速均值为 9.6%，占 GDP比值约为 8%，考虑到股市大幅震荡后，IPO（首次公开募股）已经暂停，交易萎缩，假设下半年金融业增速回到 9.6%，那么会拖累GDP 0.6 个百分点。不确定性因素就是稳增长的力度到底有多大，批项目有多快，有多少项目能反映在投资上。这两个因素预计一个向上、一个向下，总体看，我认为 2015 年 GDP 整体应该在 6.8%~7%。

稍微提一下世界经济，我觉得全球经济比过去几年有所好转，欧美经济处在恢复期，但复苏很微弱，很难恢复到金融危机前的水平。另外不得不提的是，即使外需复苏，但欧美经济的复苏是建立在贸易再平衡的基础之上，美国页岩气革命使得美国从原油进口国变为原油出口国就是一个例子，这也是对出口不能抱有太大希望的原因。

人民币：贬值风险可控，近期或降准

人民币近期出现贬值，这是对市场趋势的确认。客观上讲，我国外贸顺差在减少，美联储又有加息预期，央行选择一次性快速贬值，一方面对抗美元的加息预期，一方面也可以防止资本的外逃。

贬值幅度有多大取决于央行的判断，我国实行有管理的浮动汇率制度，但本质就是一个管制汇率，合理的均衡汇率水平在哪里只有央行清楚。但我认为，外媒所说的贬值幅度在 10%是夸张的，人民银行的主观意图是扩大汇率双向波动的幅度，3%~5%的小幅波动是可接受，也是可控的。

但必须提醒的是，央行的意图和市场的趋势有时并不一致。所以，目前关键是不能让市场形成人民币贬值的预期，如果形成贬值的预期就会造成资本大量外流，国内资产泡沫的破裂、房子贬值、股市低迷，还会产生流动性危机。

目前来看，我们有3.7万亿美元外汇储备头寸，资本尚未完全开放以及央行在汇率市场强大干预能力，发生不可控的风险概率极低。但前提是国内贬值预期不会加剧，引发民众挤兑潮的极端情况不会出现，否则即使再多的外汇储备也将被消耗殆尽。

近期银行间市场出现了借钱难、大银行资金融出意愿减弱的情况，所以此时央行必须强势，一是要管住汇率贬值的预期，二是需要货币政策宽松对冲压低利率，所以我判断，近期降准的可能性很大。

为什么是降准而不是降息，主要是因为中美息差已经收窄，美元还有加息预期，如果人民币降息，息差会更小，会加剧资本流出。这种资本流出会导致货币市场利率出现更大的压力，进而弱化降息的效果，也不利于人民币汇率稳定。

对于经济而言，人民币汇率弹性不够导致人民币实际有效汇率跟随美元连连攀升，而同期欧元、日元、金砖国家货币皆大幅贬值10%以上，出口压力巨大，加剧稳增长压力。这使决策层面临两难局面：既要宽货币、降利率、降汇率、保增长，又要稳货币、稳汇率、防风险，过去倾向于后者，目前看来，逐步向前者倾斜，下一步可能扩大汇率波动区间，加大人民币弹性，主动释放贬值压力。